El Camino del Trader

Construyendo una vida con propósito

Emanuel Hernández

Acerca del autor

Emanuel Hernández es un experimentado trader con una carrera que abarca más de nueve años en los mercados financieros. Su destreza y habilidad en el trading de commodities lo han llevado a ser galardonado con el prestigioso premio al Mejor Trader de Commodities.

A lo largo de su trayectoria, ha acumulado una valiosa experiencia y conocimiento en este campo. Además, su pasión por la enseñanza y el deseo de compartir sus habilidades lo han llevado a fundar una academia de trading, donde ofrece a otros entusiastas la oportunidad de aprender de forma gratuita.

Su enfoque en la educación financiera y la generosidad al proporcionar recursos gratuitos lo convierten en una figura destacada en la comunidad de trading.

Dedicatoria

Para aquellos que se enfrentan a la incertidumbre con valentía, a los soñadores que persiguen sus pasiones a pesar de los obstáculos, y a cada alma que ha sentido el peso del fracaso y aún así se ha levantado con más fuerza.

A mi familia y amigos, que han sido mi faro en los momentos más oscuros y mi alegría en los días de triunfo. Su amor y apoyo incondicional han sido mi constante fuente de inspiración y fortaleza.

Y, en especial, a ti, lector. Que estas páginas te sirvan no solo como guía en el mundo del trading, sino también como un recordatorio de que en cada desafío hay una oportunidad para crecer y transformarse.

Este libro es para todos nosotros: los aprendices eternos de la vida y del mercado.

Sumario

Prólogo

En el vasto y dinámico mundo del trading, donde las cifras y las tendencias son los protagonistas, existe una historia que trasciende los números y se adentra en el corazón humano. Esta es la historia de Emanuel Hernández, un trader cuya trayectoria es un testimonio de perseverancia, aprendizaje y transformación.

En este libro, no solo descubrirás los entresijos del trading y sus complejidades, sino también una experiencia personal de superación y crecimiento. Emanuel no solo comparte su conocimiento técnico acumulado a lo largo de años en los mercados financieros, sino también las lecciones de vida que ha aprendido en el camino. Desde sus inicios humildes hasta alcanzar los peldaños más altos del éxito, su historia es un reflejo de la resiliencia y la determinación.

Cada capítulo de este libro es un espejo de las etapas que todo trader experimenta: desde la emoción inicial y los desafíos inesperados hasta las revelaciones que solo vienen con la experiencia y el tiempo. Este no es solo un libro sobre estrategias de trading; es un viaje hacia la comprensión de cómo nuestras decisiones financieras están intrínsecamente vinculadas a nuestras creencias y experiencias personales.

Emanuel te invita a acompañarlo en este viaje, no solo para aprender sobre el trading, sino también para descubrir cómo enfrentar los desafíos, aprender de los errores y, finalmente, encontrar tu propio camino hacia el éxito y la satisfacción personal. Con anécdotas personales, consejos prácticos y reflexiones profundas, este libro es una guía invaluable tanto para aspirantes a traders como para aquellos que buscan una perspectiva renovada sobre la vida y sus posibilidades.

Así que te invito a abrir estas páginas no solo con la mente abierta a aprender sobre el trading, sino también con el corazón dispuesto a embarcarse en un viaje de autodescubrimiento y crecimiento personal. Bienvenido a una historia donde el trading es solo el comienzo.

Santiago Padilla
Estudiante de Emanuel

Capítulo 1

El Génesis

Inicio de un Viaje

La Conexión entre Trading y Vida.

Antes de contarte de mi vida quisiera hablarte de una historia que me pasó justamente cuando comencé a escribir este libro y deseo compartirla contigo.

A inicios de este año me encontraba pasando por una situación muy complicada, podría creer que ha sido lo más difícil de toda mi vida, pasé por las cosas más terribles y complicadas que te puedas imaginar. Después de tenerlo todo me quedé sin nada, fue ahí donde comprendí lo que verdaderamente importa en este mundo.

Sé que este es un libro de Trading, pero estoy totalmente seguro que el Trading y la vida van de la mano y como eres en uno, eres en el otro.

Así que te contaré la historia: me encontraba sin un peso en la bolsa y un amigo me hizo una propuesta de trabajo, para escucharla me envió un ticket de avión pagado para ir a España y sin pensarlo mucho decidí tomar vuelo y emprender ese viaje.

Mientras iba volando desde América hasta Europa iba pensando en tantas cosas que me habían sucedido en el pasado, me lamentaba de algunas y lloraba por otras mientras miraba el sol salir entre las Nubes a través de mi ventana. ¡De pronto algo extraño pasó!, miré mi teléfono y el reloj marcaba las 11:11, casualmente alguien antes de subirme a ese avión me estaba contando que era fiel creyente de los mensajes que el universo nos enviaba a través de los números.

Me encontraba emocionado porque era la primera vez que yo veía un número espejo y recordé lo que acababan de enseñarme y era que cuando lo viera pidiera un deseo. Así que sin pensarlo mucho lance un deseo y quizá podrás pensar que aquello que pedí tenía algo que ver con el Trading o con mi situación económica, pero la realidad es que no, en ese momento mi mente solamente pensaba en una cosa y era el dolor tan grande que tenía en mis pompis.

Ahora seguramente te preguntarás por qué me dolía mis pompis y también la espalda, así que te lo explicaré; el boleto que mi amigo me compró para ir a España, obviamente no era en primera clase, era en la clase más económica que existe, de hecho era tan económica que el asiento quizá es el más incómodo que me ha tocado experimentar en toda mi vida y no solo era el asiento sino las 13 horas de vuelo hasta España. Así que mi deseo en este momento fue: ¡Universo, si esto es real, un día quiero pasar por este mismo cielo en un asiento de primera clase!

En ese momento abrí el navegador para ver por qué país iba pasando, debo confesarte que soy un fanático de ver mapas cuando voy volando porque así me imagino cómo serán todos los países que están bajo mis pies, el país era Italia, la ciudad era Sofía ¡nunca lo voy a olvidar!. Así que pedí mi deseo estando en esta ciudad italiana y lo dejé ahí en el cielo, en el universo y en mi corazón.

Una Historia de Transformación

¡La siguiente parte de la historia te va a encantar y es que exactamente nueve meses después me encontraba pasando por el mismo cielo, la misma ciudad y el mismo país!

Cuando vi esta casualidad corrí a ver mi teléfono y aunque suena difícil de creer era la misma hora nueve meses más tarde y estaba pasando por la misma ciudad y el mismo país y seguramente ya sabes a dónde quiero llegar, estaba en un asiento de primera clase, ¡si así es! ¡Mi deseo se había cumplido!

¿Por qué cuento esta parte de la historia contigo?; porque quiero que sepas que quien está escribiendo este libro es una persona real, alguien que viene de las limitaciones y que como la mayoría de las personas estaba acostumbrado a ir en clase económica de un avión ¡Pero ese día lancé un decreto al cielo y era que mis viajes pudieran ser en primera clase y se logró!

¿Podrás preguntarte a qué se debe?

Y la respuesta es a la creencia que tuve en mí mismo para salir adelante.

Hoy quiero hablarte a ti que estás leyendo este libro como si estuvieras frente a frente conmigo y quisiera decirte que si hoy estás experimentando momentos difíciles lo entiendo perfectamente, porque al igual que tú yo también pasé por situaciones complicadas.

Así que quiero que sepas que tenemos algo en común y que seguramente ambos hemos experimentado dolor en nuestra vida y hoy te hablo *¡no desde el comienzo sino desde el éxito!*. Hoy te hablo desde el corazón de una persona que estaba como tú y que hoy seguramente está mejor que tú.

No lo digo por presunción, ni por egocentrismo, es todo lo contrario lo digo por amor porque si nadie te lo ha dicho este día, esta semana o en este mes, quiero que sepas que no estarás ahí para siempre. Me siento emocionado y te quiero hacer una promesa, estoy seguro de que si no desistes de la meta que te has propuesto seguramente vas a lograrlo, vas a llegar muy lejos y al igual que yo un día estarás volando por alguna ciudad del mundo en primera clase.

El Despertar de un Trader

Ahora sí comenzaré a hablarte del principio después de qué has escuchado una de mis historias reales que sucedió el mismo año que estoy escribiendo este libro.

Te contaré cómo inicié en el Trading, un amigo me invitó a conocer un proyecto de inversiones en el cual me prometían rendimientos extraordinarios por mi dinero, y aunque mi capital no era muy grande, me sonaba excitante el pensar que se podría multiplicar. Así que como te podrás imaginar caí en la trampa de la primera estafa piramidal.

Después de esa triste historia, el mismo amigo me invitó a una segunda estafa diciéndome y argumentando que esta vez todo iba a salir bien. Creyendo fielmente en él decidí investigar un poco más, así que comencé a preguntar qué es lo que hacían con el dinero para multiplicarlo de la forma milagrosa que ellos ofrecían. La respuesta fue ¡hacemos Trading!. En ese momento no sabía lo que esa palabra significaba, así que pregunté y la respuesta fue ¡compramos y vendemos dinero!. Años más tarde entendí que esa no era la definición del Trading, sin embargo, la persona que me explicó hizo su mejor esfuerzo para que yo entendiera en un lenguaje básico lo que era la mejor profesión del mundo y lo que sería mi futuro prometedor.

Entré en la compañía que me estaban invitando tratando de indagar más a fondo lo que el Trading significaba. En una de las reuniones virtuales nos mostraron supuestamente las operaciones en vivo y debo confesarte que fue demasiado emocionante para mí el solo imaginar lo que yo podía crear si aprendía esta nueva profesión.

Así que decidí investigar mucho más, corrí a un navegador y busqué la palabra Trading, me aparecieron demasiados resultados, pero hubo uno que me inspiró un poco más de confianza, hice clic y me registré como alumno de una pequeña academia. Inicie con miedos, sin dinero, sin experiencia y en un mundo lleno de lobos que buscan beneficiarse del que menos sabe.

Aprendí algunas cosas, pero a través de los errores puedo asegurarte que aprendí muchas más. Empecé a descubrir que la mayoría solamente buscan ganar dinero para ellos mismos, pero qué poca gente enseña con la intención de qué los demás aprendan de verdad. Así que desde ese momento en mi corazón existía un motivo y era aprender correctamente esta gran habilidad para en un futuro poder educar con amor y con verdadero conocimiento.

Mi ilusión era enseñar a otros lo que era el Trading como a mí me hubiera gustado que me enseñaran, así que comencé a escribir una bitácora de Trading en una pequeña libreta en la cual estaba escribiendo todo lo que mi Maestro me enseñaba, pero al mismo tiempo escribía cómo me hubiera gustado que él mismo me lo enseñara. Sin darme cuenta estaba escribiendo mi propia academia y estaba entendiendo cómo realmente funciona el Trading.

Me esforcé por ser un buen alumno, puse toda mi atención, puse todo mi amor y estaba listo para salir al mundo real.

Cuando yo comencé en Trading alrededor del 2014 no existían empresas de fondeo, así que el capital que yo tenía que colocar era real. Ahí fue donde cometí mi primer error y espero que nunca te pase por la mente cometer el mismo, de hecho, espero estar en el mejor momento de tu vida para evitar que cometas este primer error, pedí prestado para hacer Trading y para resumir la historia todo el dinero que había pedido lo perdí.

Algo que debes comprender si estás comenzando en el Trading es que vas a perder mucho dinero sobre todo al inicio, cuando estás comenzando precisamente, porque no estamos acostumbrados a seguir instrucciones.

Recuerdo una experiencia cuando tenía 13 años, me encontraba en secundaria y recuerdo que la primera frase del examen decía "leer todo antes de contestar", dure muchos minutos al igual que la mayoría de mis compañeros. De pronto comencé a ver que algunos finalizaban rápido y entregaban, yo no podía entender por qué ellos estaban terminando tan rápido pensaba que eran mucho más inteligentes que yo, así que seguí con toda mi atención en mi exámen. Cuando llegué a la parte final vi que había una frase que decía "gracias por leer el examen antes de contestar, si lo entregas en este momento sin responder nada, serás absuelto del mismo, ¡felicitaciones!".

Como es de suponer, yo no fui de las personas que exentaron ese semestre, pero sí fui de las personas que aprendió a seguir instrucciones.

Otra de las experiencias que me ha pasado es en las Navidades, cuando a mis hijas les llega un juguete nuevo, regularmente, demoro varias horas intentando armarlo y cuando por fin voy al instructivo me doy cuenta de lo fácil que era.

En general el ser humano es así, la mayoría no seguimos instrucciones, ni siquiera las leemos, seguramente tú, mi querido lector, ni siquiera pondrás toda tu atención en las palabras que yo escribo para ti, lo que sí quiero que sepas es que mucho de lo que te comparto en este libro es con la única intención de qué no cometas los mismos errores que yo.

Uno de los capítulos que vas a leer más adelante se titula los errores de Trading, en ese capítulo te hablaré de los que la mayoría de los novatos cometemos. Espero que leas cuidadosamente y prestes toda tu atención a él y con todo tu corazón trata de poner en práctica algunos de los consejos que te voy a compartir.

Cuando iniciamos en el Training la mayoría lo hacemos con miedo y la realidad es que cuando has iniciado muchas veces parece una historia de terror, a menudo hablo con Trader estudiantes y siempre me cuentan los errores que cometen. Con tristeza los escucho y analizo cuáles son las causas y en su mayoría es la falta de gestión de riesgo, la cual viene por no seguir instrucciones.

Si algo quiero dejarte en esta parte del libro es la invitación a que sigan las instrucciones siempre.

El Trading como Reflejo de la Vida

Luego de compartirte cómo fueron mis inicios quiero contarte cómo es que me hice rentable y aunque este es apenas el primer capítulo de este libro, quiero que sepas que deseo darte en estas primeras páginas un resumen de lo que vas a leer a continuación, por ello quiero decirte que la rentabilidad en el Trading se dio algunos años más tarde y justo cuando creí con todo mi corazón que sería Trader rentable, lo logré cuando engañé a mi mente haciéndole creer que ya lo había logrado.

Esto puede sonar extraño, así que voy a explicarte por qué lo estoy diciendo, descubrí que nuestra mente cree todo lo que nosotros le decimos, lo bueno y lo malo, de hecho un ejemplo fácil de entender es cuando vamos a la cama a dormir, cuando recuestas tu cabeza no duermes de inmediato, sin embargo, cierras tus ojos y lo haces para engañar a tu mente haciéndole creer que estás dormido, es decir, todos fingimos que estamos dormidos antes de estarlo. Lo mismo sucede con el Trading, tienes que engañar a tu mente y tienes que hacerle creer que ya eres un Trader rentable, cuando tu mente lo crea te prometo que lo serás.

Esta parte es muy poderosa porque no estamos hablando de mentir, estamos hablando de confundir a nuestra propia mente.

Hay una frase que me gusta mucho que dice: inicia mintiendo y terminarás creyendo y esto aplica para toda la realidad, es que cuando tú te vistes como un exitoso terminas siendo ese hombre exitoso, cuando tú te vistes como mala persona terminas siendo esa mala persona, cuando tú finges ser una persona exitosa termina siendo esa persona exitosa. Esas frases son reales y esto es verídico.

Cuando logré mi rentabilidad fue cuando comencé a operar en demo y a todas las personas a mi alrededor les decía que mi cuenta era real, todo mundo empezó a creer que mis resultados eran reales y todos empezaron a felicitarme, así que comencé a creer que yo era tan bueno como todas las personas a mi alrededor decían que era, y no en mi propia realidad. Entonces pasado el tiempo me di cuenta de que me había convertido en el Trader que todos decían que yo era.

Los resultados en demo terminaron por convertirse en resultados reales, por eso mi invitación para ti es que al terminar este libro comiences a aplicar cada uno de los consejos que te daré y hoy iniciamos con uno muy importante: ***Actúa como si ya lo fueras, y lo serás***.

.

Capítulo 2

Los errores más comunes del trading

Comprendiendo los Errores

Bienvenido a los errores más comunes del trading, te voy a contar mis errores, los errores que Ema cometió en el inicio, esto no significa que ya no los cometo, sigo haciéndolo, soy un ser humano imperfecto y como imperfecto que soy cometo muchos errores, bastantes, pero en el trading he ido perfeccionando mi estrategia.

Reflexionemos sobre qué significa realmente cometer un error. Existen muchas definiciones en la web, podríamos tener presente el error como una acción, proceso o resultado que subyace de un hacer desviado de lo que es correcto y esta acción requiere de un agente que lo lleve a cabo. Esta definición, aunque general, puede aplicarse perfectamente al mundo del trading. En este contexto, un error no es simplemente una mala operación; es cualquier acción que nos aleja de nuestras metas y estrategias establecidas.

Ya sea una decisión impulsiva, una interpretación errónea del mercado o una gestión de riesgo inadecuada, cada error en trading nos ofrece una valiosa oportunidad de aprendizaje. A través de los errores, los traders pueden refinar sus estrategias, mejorar su toma de decisiones y, en última instancia, acercarse más a la operativa exitosa y consistente.

En nuestra profesión como operadores bursátiles, un error se manifiesta a través de nuestras acciones, específicamente en las operaciones de compra y venta de contratos.

Estas acciones son decisiones voluntarias, nadie nos obliga a tomarlas, y ahí radica su importancia. En el trading, a menudo enfrentamos un dilema entre la acción y la inacción, entre la decisión activa de operar y la quietud.

Hablando de errores en el trading, un error puede ser una operación tanto correcta como incorrecta. En este sentido, los traders estamos inmersos en un constante ciclo de 'Prueba y Error'. Es importante entender que el trading es un mundo de probabilidades, donde ganar o perder forma parte de nuestra rutina diaria. No obstante, lo que realmente define a un trader 'rentable' es la capacidad de generar ganancias que superen consistentemente las pérdidas.

Al reflexionar sobre los errores en el trading, me doy cuenta de que existen fundamentalmente dos personalidades en esta profesión: la personalidad pasiva y la activa. La personalidad pasiva es aquella que nos permite operar con serenidad, manteniendo la calma y utilizando nuestra inteligencia emocional para tomar decisiones reflexivas. Por otro lado, la personalidad activa a menudo surge cuando nuestras emociones se intensifican, lo que puede llevarnos a tomar decisiones impulsivas que afectan negativamente nuestro trading. Es crucial reconocer y equilibrar estas dos facetas para lograr una operativa eficiente.

El Camino Hacia la Rentabilidad

En mis más de ocho años de experiencia en el trading, he aprendido que los errores son, en realidad, valiosos maestros. A través de ellos, he descubierto no solo mis debilidades, sino también las áreas en las que necesito mejorar. Quiero compartir contigo la historia del 'viejo Ema', mi yo pasado, y cómo este Ema cometía errores constantemente. Estos errores, lejos de ser simplemente contratiempos, se convirtieron en lecciones cruciales que moldearon mi camino hacia el éxito en el trading. Estos aprendizajes no solo me ayudaron a mejorar mi técnica, sino que también me enseñaron sobre la importancia de la gestión emocional y la paciencia en este exigente mundo del mercado bursátil.

El Ema de hace 8 años cometía numerosos errores en el trading, más por mi mentalidad que por falta de habilidades técnicas. Quizás te sientas identificado conmigo si alguna vez has pensado: 'Mi análisis es correcto, pero no logro mantener la operación hasta alcanzar el profit'. Puede que incluso veas los éxitos de otros en nuestra academia y te preguntes por qué no estás obteniendo los mismos resultados. Pero el desafío no radica en la falta de información. En nuestra academia, proporcionamos orientación clara sobre la dirección del mercado. El verdadero problema surge cuando, a pesar de tener la información correcta, el miedo y la incertidumbre te impiden actuar.

Este temor es un indicador de que aún no has desarrollado la mentalidad adecuada para el trading. Conquistar ese miedo y cultivar una mentalidad resiliente y estratégica es fundamental para convertirte en un trader exitoso.

Pero, ¿que nos ayuda a construir esta mentalidad?. En el libro "Los cuatro acuerdos" de Miguel Ángel Ruiz (1998), nos enseña la importancia de manejar 4 acuerdo, a saber: :

"Ser impecable con tu palabra"

El acuerdo número uno significa que lo que tú digas, lo que sea que tú digas siempre tienes que cumplirlo, si dices "Nos vemos a las 7:00" es a las 7:00, no debes faltarte a ti mismo y menos a tu palabra, debes cumplir tu palabra, por eso es que la puntualidad es una virtud y debes empezar a ser responsable con esas cosas pequeñas, quiero que aprendas a ser impecable con tu palabra, lo que digas debes cumplirlo; el viejo Ema no era impecable con su palabra, es decir, decía una cosa y no la cumplía,, ¡tú debes hacer honor a tu palabra, por favor!.

Además, el acuerdo número uno habla de palabras poderosas ya que éstas destruyen o construyen. Imagina que llega tu prima, la abrazas y resulta que recién acaba de llegar del salón de belleza porque fue a cortarse el cabello y cuando llega contigo le dices: ¡qué mal te ves! ¡Qué mal quedó tu cabello!. Por supuesto que se va a sentir triste y decepcionada, porque si ella fue al salón de belleza es porque quería sentirse mejor, verse bien y entonces cuando tu prima llega contigo la destruyes con tus palabras, porque tus palabras fueron negativas hacia ella; en cambio, llega tu prima y le dices ¡te ves hermosa con tu cabello, quedaste super bién, me encanta! ¿Cómo se va a sentir ahora tu prima? ¿Te fijas en el impacto que tuviste en tu prima cuando dices una y otra palabra? Tus palabras construyen y destruyen, pero no solamente son hacia afuera, sino también son hacia ti mismo, las palabras que tú estás utilizando hacia los demás y hacia ti mismo son el reflejo de lo que tienes por dentro. Hay un dicho que dice:

"La cuchara con la que comemos saca lo que tiene el plato"

Es decir si en el plato tienes sopa, pues la cuchara va a sacar sopa, si en el plato tiene cereales, pues la cuchara va a sacar cereales, si en el plato tienes arroz, pues la cuchara va a sacar arroz; la cuchara no va a sacar algo que no hay en el plato. Bueno, tus palabras son exactamente igual, ellas dejan ver lo que hay dentro de ti, por lo tanto, si tú destruyes con tus palabras a las demás personas lo que hay dentro de ti es una porquería, discúlpame querido lector, pero si sale excremento de tu boca con tus palabras imagínate que hay dentro de ti, por eso es tan importante que seamos impecables con nuestras palabras y en el trading, aunque no me lo creas el ser impecable con tu palabra es un mandamiento, se honesto contigo mismo, si dices que eres trader institucional no operes por emoción los viernes, respeta lo que dices, sé impecable con tu palabra.

Un día recibí un mensaje de una persona que me decía Ema "Hoy operé", desde ahí empezamos mal cuando escuché ese mensaje porque yo dije: ¿Qué día es hoy? ¡Es

38

viernes! y me decía la persona ¡No! ¡Hoy es jueves! y yo le decía ¡No, hoy es viernes! Porque nuestros mercados se llaman sesión Asiática y abre el viernes, pero cuando en Latinoamérica es jueves, entonces resulta que la sesión en Asia ya es viernes, entonces ¡Ya estás operando en el viernes! Es decir, desde tu cierre del jueves tú ya no deberías hacer nada porque ya es viernes y te metes en problemas con tus cuentas.

Quiero invitarte con amor a que empieces a ser impecable con tu palabra, tu palabra te construye y te destruye. Cada viernes despierto super bién, me siento pleno, me siento feliz, porque estoy respetando mi palabra y mi palabra es no operar los viernes. Si quieres ser un Trader rentable, tu plato debe de tener abundancia, experiencia y agradecimiento.

Hay una parábola bíblica que dice: "Aquel que más tiene más se le da y el que no tiene aún lo que no tiene le será quitado".

Así dice, y es importante que si no empiezas a conservar y cultivar tu mentalidad, entonces ¿qué es lo que va a haber en el plato? No va a haber nada, por lo tanto, no vas a tener nada que sacar, la mentalidad es lo más importante y el ser impecable con tus palabras es el principio número uno para ser un gran ser humano y un gran Trader; que absurdo se vería Emanuel si te habla del amor, de triunfar, del éxito en el trading, pero en mi casa yo tratara mal a mi familia, que yo fuera una persona prepotente, orgullosa, grosera. ¿Qué sería de Emanuel? Eso sería incongruencia total, la cuchara de Emanuel tendría incongruencia.

Acuerdo número dos de Miguel Ángel Ruiz:

"No te tomes las cosas de manera personal"

Y es que también la prima no debería tomarse nada personal, ni siquiera, que yo le diga que se ve muy bonita con su cabello, y mucho menos, que le diga que se le ve mal, ella entiende que mis palabras son responsabilidad mía y no de ella, entonces no te tomes las cosas de manera personal.

Cuando alguien me dice algo ofensivo utilizo mi mentalidad de trading que me enseña a sacudirme y digo "fuera todo lo que me hace mal" y entonces ahora me convierto en mi mejor versión y cada día me renuevo. Todos los días tienes la oportunidad de renovar tus votos, y como Trader tienes que hacer un ritual a veces cuando pierdes el día anterior te da miedo operar mañana y es normal porque dices ¿y si vuelvo a perder? ¿Y si me vuelve a pasar? "y sí" y el "y sí" es una de las palabras más tristes que existen, que más matan a la mente de un Trader y quiero invitarte a que dejes el "y sí" de lado, ya que es una enfermedad, deja de pensar en eso y comienza a actuar y ser impecable con tu palabra y podrás hacer el acuerdo número tres:

"No hagas suposiciones en el trading"

Este último va muy relacionado con el segundo acuerdo, el hecho de que no te tomes las cosas de manera personal y bueno es que el trading tiene muchos enemigos, el enemigo número uno se llama "mercado" y el mercado todos los días se mueve y tú dices ¡Ah es que el mercado me odia! Yo mismo decía "Ah es que ese mercado me odia, es que el oro me odia y yo soy su peor enemigo, el número uno", me estaba destruyendo con mis palabras.

Entiende que el oro no te hace en el mundo, ni sabe que tú existes, si tú tienes una cuenta menor a 10 millones de dólares, créeme que al mercado no le importas, eres un pececito chiquito frente al mercado; para que tú impactes verdaderamente a la liquidez necesitas entrar con 10 millones de dólares o más; no hagas suposiciones, muchos de los errores en el trading son por suposiciones.

A veces me dicen "entré en venta porque yo vi que el mercado estaba subiendo tanto, tanto, que yo dije esto ya tiene que bajar, porque ya subió mucho y como subió mucho yo supuse que el mercado iba a bajar" no supongan, no estamos en un mercado de suposiciones; se llamaría el mercado de las suposiciones si así funcionara, pero no, este es un mercado bursátil y se mueve por liquidez, por acción del precio, por dinero, así es como se mueve este mundo, no se mueve por tus suposiciones.

Acuerdo número cuatro y no menos importante es el siguiente "da lo mejor", así de simple, da siempre lo mejor, no importa que hagas trading, no importa que vendas comida, haz mejor lo que hagas y hoy quiero invitarte a hacer lo mejor y sobre todo aplicalo en el trading, ten una checklist y cumple con tu checklist. Si no tienes una checklist no te preocupes, tengo también un libro llamado Bitácora de Trading que puede ayudarte para ésto.

La Importancia de la Disciplina

Los horarios fueron inventados para darle orden al día; si no existiera entonces el día no tendría sentido, imagínate que comieras a la hora que te da hambre, no eso no es así, comes cuando te da hambre por supuesto, pero debes tener un horario específico, no es que el almuerzo en Colombia es a la 1:00 pm, pero yo almuerzo a las 7:00 pm, en teoría hay una hora de almuerzo, bueno así es como funciona los horarios y debemos respetar un horario, porque en todo el mundo hay reglas, y un horario simboliza respeto.

Imagínate que vas de viaje y no sabes el horario de tu vuelo o a qué hora sale y en qué vuelo te vas, imagina que llegas al aeropuerto y tu vuelo se perdió porque era 3 horas antes de tu llegada y esto porque no sabías el horario de tu vuelo, suena estúpido y absurdo, así mismo te ves cuando no respetas un horario. Establece un horario para operar, es decir, si tú vas a operar Nueva York, entonces a las 6:00 de la mañana debes estar frente al computador, si solamente vas a operar Kill Zone, perfecto vas a operar 3 horas a partir de las 6:00 a las 9:00 horas de Nueva York, si ganaste o perdiste te quitas del computador y te vas a hacer cualquier otra cosa que no tenga nada que ver con trading.

Gestión de Riesgo

Otro de los errores comunes de un Trader es operar a todas horas, es que la gente piensa que entre más se opera más dinero se gana y la realidad es que no, entre menos operes más dinero ganas, no eres un Bot de Trading para meter 300 operaciones en un día, la realidad es que debes de meter pocas operaciones, pero concisas, operaciones directas, concretas con gestión de riesgo, una sola operación que tú metes bien al día te da el profit del día; meter muchas operaciones no es gestión de riesgo, yo meto una operación al día, máximo dos, pero son operaciones institucionales y con una operación tú puedes sacar el 1 % al día.

Puedes operar poco, pero con esas pocas operaciones puedes sacar mucha plata y con una buena gestión de riesgo.

Hay un hombre que se llama Warren Buffett, es un inversionista desde sus 11 años y dice: "El mercado de valores es un dispositivo para transferir dinero del paciente al impaciente" es decir que el dinero pasa a las manos de los diligentes, de los que hacen las cosas bien.

Hablando de gestión de riesgo, los límites de velocidad existen. Por ejemplo, yo tengo un Audi que corre de 0 a 100 km en 2 segundos. Cuenta con paletas al volante, lo que me permite cambiar la velocidad con mis manos. En un tramo muy corto, puede acelerar de 0 a 100 en apenas 2 o 3 segundos.

Sin embargo, imagina que condujera constantemente mi coche a su máxima velocidad por todas las calles. A pesar de que mi coche tiene una velocidad impresionante, que ni siquiera me permite alcanzar la mitad de lo que podría correr, eso no significa que deba hacerlo. El límite de velocidad existe en todos los países, creo, y se establece por una razón.

Por tanto, el hecho de tener un coche potente, con muchos caballos de fuerza y un motor V10, no implica que deba conducirlo siempre a 400 km/h. Hasta el día de hoy, no he alcanzado esa velocidad porque priorizo la gestión de riesgo. Valoro mi vida cada vez que me subo al coche. Si pensara en correr a la máxima velocidad, inmediatamente me vendría a la mente el riesgo que ello implica, y todavía no es momento para eso.

Entonces, decido respetar los límites de velocidad. Claro que puedo correr más, pero no soy Checo Pérez, ni estoy en la Fórmula 1. Soy un Trader, no un corredor de autos. Por eso, respeto los límites establecidos por aquellos que saben más que yo en este ámbito. Así que, de ahora en adelante, piensa en un semáforo antes de asumir un alto lotaje en tus operaciones de trading.

Existe la fórmula de gestión de riesgo y es la siguiente:

Lotaje + Horario + Stop Loss + Take Profit = Cuenta Sana

Nunca dije ganar, dije CUENTA SANA.

Si tu lotaje es saludable, es decir, un lotaje que no te quita el sueño, entonces estás en el camino correcto. Este lotaje saludable debe ser utilizado en el horario al que te has comprometido a operar. Además, es fundamental que emplees un Stop Loss y un Take Profit adecuados, acorde con tu estrategia de gestión de riesgo, para mantener tu cuenta en un estado saludable.

He aprendido por experiencia propia que sobre apalancarse en mis operaciones era uno de los peores errores que podía cometer. Lamentablemente, es triste ver cómo este enfoque erróneo se promociona en algunos cursos. Hay programas que venden lo que llaman 'los secretos del 1%', donde te dicen que 'es sencillo': solo necesitas identificar un retroceso, entrar con 10 lotes y luego cerrar tu Take Profit en puntos de resistencia. Estos consejos llevan a muchos a quemar sus cuentas, y quiero enfatizar que eso no es trading responsable. No debes sobre apalancar tus operaciones; en cambio, debes mantener una gestión de riesgo coherente y bien fundamentada.

Probablemente ya me hayas escuchado decir que una gestión de riesgo adecuada implica operar con un lotaje de 0.01 por cada $1,000 en tu cuenta. Por lo tanto, si tienes una cuenta de $10,000, deberías operar con un lotaje de 0.10. Y, si tu cuenta es de un millón, entonces sí, operar con 10 lotes es razonable. Pero si no cuentas con esa cantidad, no deberías asumir ese nivel de riesgo.

La pregunta aquí es, ¿vives estresado o vives feliz en el trading? Si tu respuesta es feliz, entonces estás utilizando un lotaje correcto y si tu respuesta es más o menos, no estás utilizando el lotaje correcto.

Yo me quería hacer rico de la noche a la mañana, yo no sé si te ha pasado, pero a mí sí me pasó cuando me presentaron el trading, de pronto te venden la falsa creencia de que en el Trading te vas a hacer rico de la noche a la mañana, pero no hay atajos en el trading, el trading es un proceso que tienes que vivir, no te vas a hacer rico de la noche a la mañana, pero si te prometo que si haces caso vas a ganar mucho dinero, pero no te harás rico de la noche a la mañana.

También creer que el trading no tiene riesgos, es falso, es el lugar más riesgoso que existe y debes entender que estás nadando en una alberca literalmente con las pirañas del mercado, con las que quieren venir y comerse tu capital, tu Stop Loss, estás entrando al mercado más complicado que existe, el trading es esto, el trading es riesgo, si no quieres riesgos no naciste para ser Trader.

Otro error que cometemos es vender tus pertenencias para operar, no lo hagas, eso es lo peor que puedes hacer, opera solamente tu dinero, lo que estés dispuesto a perder, se escucha horrible, lo sé y no estoy diciendo que lo vas a perder, pero por favor tenemos que empezar a educar a los traders con la mentalidad correcta.

Otro error común en el trading es operar con el capital de otros. Existe lo que podríamos llamar el 'síndrome de la ballena', que se refiere a esa tendencia de querer ayudar a los demás a toda costa. Esta generosa disposición te puede llevar a animar a tus familiares y amigos a abrir sus propias cuentas de fondeo y operarlas tu

Sin embargo, operar con el capital de un tercero es muy diferente a operar con tu propio dinero. Permíteme explicarte por qué. Cuando pierdes tu propio capital, es probable que te sientas mal y te des cuenta de que no seguiste correctamente tu gestión de riesgo. Pero al final, ¿qué más da? No te vas a demandar a ti mismo ni a ir a la policía a presentar una queja contra ti.

En cambio, si pierdes aunque sea una pequeña cantidad del capital de alguien más, esa persona te puede considerar como la peor del mundo. He vivido esta situación más de una vez. Cuando comencé a operar con el capital de otros y lo perdí, fui criticado duramente. Hasta el día de hoy, hay personas que me consideran un estafador o creen que les robé su dinero. En realidad, solo perdí su dinero, pero el impacto emocional y la percepción son muy diferentes.

Este error que cometí me enseñó una lección importante: cuando operas con dinero ajeno, tu mentalidad cambia y no operas como deberías. Surge un compromiso con esas personas que te lleva a tomar decisiones que no tomarías con tu propio dinero. Por ejemplo, te sientes obligado a operar un viernes cuando sabes que no deberías, o intentas recuperar una pérdida con más operaciones, incrementando así el riesgo.

Yo quiero invitarte a que elijas a un mentor, lo imites y lo superes, pero sobre todo que seas impecable.

Cuando aprendí a hacer trading yo creía que lo sabía todo y creía que nadie tenía cosas nuevas para enseñarme y no estaba equivocado, era el hombre más equivocado del mundo, pero yo creía que nadie me podía enseñar algo nuevo. Quítate la venda de los ojos que te haga creer que ya sabes todo.

Impaciencia

Ser impaciente es lo que me causó perder muchas cuentas de trading, yo creía que el ser impaciente era una virtud y la realidad es que no, la paciencia es una virtud, es algo que se considera como una de las virtudes más grandes que existen en este planeta, sé paciente en tus operaciones, yo te invito a que sigas en ese camino de la paciencia, no analices demasiado el mercado, esto genera parálisis, por lo menos en cuenta demo, pero debes de accionar.

Indisciplina

No es otra cosa más que la falta de coherencia, ser coherente con tus operaciones, si dices que vas a entrar entra, si dices que vas a ganar gana, si dices que vas a entrar y vas a poner un Take profit y un stop loss hazlo, la disciplina es una virtud.

Pensar solo en el presente y no en el futuro

Dicen que la ansiedad es estrés de futuro y poco presente, en el trading funciona diferente, pensar en el futuro lleva a que tu gestión de riesgo tiene que ser suficiente para que obviamente no pierdas y quemes la cuenta y al no quemar tu cuenta vas a poder hacer las cosas de manera correcta.

Compararme con los demás

Deja de compararte con los demás, no te compares conmigo, no te compares con nadie, no te compares con otro trader.

Recuerdo una historia sobre un hombre que iba con su hijo. El hombre le preguntó a su hijo: 'Hijo, además del canto de los pajaritos, ¿qué otra cosa escuchas en este momento?. ' El niño respondió: '¡Papá, escucho una carreta!' El padre le dijo entonces: 'Hijo, esa carreta que escuchas viene vacía.' El niño, curioso, preguntó: 'Papá, ¿cómo puede saber que esa carreta viene vacía?' A lo que el padre respondió: 'Esa carreta viene vacía porque hace demasiado ruido. Si estuviera llena, haría menos ruido. El exceso de ruido indica que está vacía.'

Esta historia nos enseña que, a menudo, las carretas vacías, al igual que las mentes vacías, son las que más ruido hacen. Estas mentes vacías suelen auto atribuirse éxitos que no siempre son reales. En ocasiones, te encuentras comparándote con alguien que podría estar en la misma situación o incluso peor que tú. Puedes ver en redes sociales, como Instagram, a alguien publicando que ganó $1,000, pero ¿cómo saber si esa cuenta es real o una demo?

Además, esa persona podría haber subido una foto de un viaje antiguo, mientras tú te sientes mal por no poder viajar. No te compares con los demás. Recuerda que los tiempos de Dios son perfectos; tus tiempos y los míos son diferentes. A mí me llevó 7 años alcanzar mis metas, y ojalá a ti te lleve menos. Si te dijeran que en 3 años lograrás la vida de tus sueños, el tiempo pasará de todas formas, lo decidas o no. Así que, te invito a no compararte con nadie, ni conmigo, ni con otros.

Debemos dejar de lado el orgullo y el ego, que no nos aportan nada positivo. Dios quiere que seamos seres humanos que comparten y hacen el bien sin esperar nada a cambio. Como mi madre siempre me decía, citando una frase de Disney: *'Si al hablar no has de agradar, es mejor la boca cerrar'*.

Ella me crió y me educó con esa frase, diciéndome que dejara de hablar por hablar. Me enseñó a no hablar simplemente porque tengo boca y a no comentar en redes sociales solo porque tengo dedos para escribir. El orgullo y el ego son muy dañinos. Durante mi trayectoria, descubrí que mis errores eran más emocionales y mentales que técnicos. Fue en ese momento cuando me di cuenta de que, aunque ya era un trader rentable y exitoso, el verdadero problema residía en mi mente.

Hoy quiero compartirte mi experiencia y mi testimonio. El trading es una realidad tangible, y el mercado es un entorno real donde puedes convertirte en un trader rentable y exitoso. El trading representa la mejor oportunidad para alcanzar nuestros sueños y brindar a nuestras familias lo que necesitan. Sin embargo, el camino no es fácil; en él, perderás dinero antes de comenzar a ganar. Pero te prometo que el trading bendecirá tu vida de maneras extraordinarias.

Lo más real y valioso que puedo compartir contigo es mi secreto: la importancia de mantener un equilibrio entre tu espiritualidad y tu enfoque en el trading. Cuando logres ese equilibrio, te convertirás en uno de los mejores traders del mundo. Tendrás a tu lado el aliado más valioso que te inspirará. Al final del día, no importa hacia dónde se dirija el mercado, ni siquiera si tu análisis técnico o fundamental fue perfecto. Lo que realmente importa es ese sentimiento que llega a tu corazón, un sentimiento que se siente como una llama que recorre todo tu cuerpo y te convence de la veracidad de tus pensamientos y emociones.

Quiero revelarte que tengo un punto de confirmación en mi proceso de trading. Después de marcar mi bloque de órdenes y recibir la vela de confirmación, espero mi tercera confirmación. Este es mi secreto, uno que podría vender muy caro: mi tercera confirmación es mi corazón. Escucho a mi corazón, y si me dice que está bien, les digo a todos: 'Entramos en compras o ventas'. La realidad es que alguien, en algún lugar, pone un sentimiento en mi corazón para operar. A esa persona le estoy totalmente agradecido por ser mi socio y mi bendición en el trading.

Así es que mi querido trader en proceso, te quiero decir que vas a tener la vida de tus sueños y manejar el carro de sus sueños y vas a tener lo que siempre has querido, te lo prometo y te lo digo desde el fondo de mi corazón, lo vas a lograr, esto es posible, pero no te olvides jamás de cumplir los cuatro acuerdos y del tema mental, que es lo más importante; Dios puso esas reglas para que nosotros las podamos cumplir y si nosotros cumplimos sus reglas, Dios va a bendecir nuestro trading y va a bendecir nuestra vida de una manera que no tienes ni idea y te convertirás en un trader exitoso.

Quiero compartir contigo esta frase:

"El futuro es tan brillante como tu fe".

Si tu fe es lo suficientemente grande, vas a ser un trader extraordinario y recuerda siempre. Conviértete en un trader rentable y ganador.

¡Ema, quemé mi cuenta!

Recuerdo hace unas semanas, en una sesión en vivo normal, cuando la mayoría de las personas ganaron dinero con las señales que enviamos. Sin embargo, hubo un mensaje que recibí de una persona que realmente me tocó el corazón, y quiero compartirlo contigo. Esta persona me decía: 'Ema, me siento triste, preocupado y agobiado porque he perdido una de mis cuentas'. Había estado sobre operando y cometiendo errores, pero ese no era el momento para reprocharle ni señalar todo lo que hizo mal.

Él me pidió unas palabras de consuelo, y lo que le dije podría ser útil también para ti, ya sea en tu vida personal o en relación con el trading. Quiero enfatizar algo importante: todos, lamentablemente, tenemos que pasar por momentos difíciles. Por eso, es crucial agradecer por las lecciones que estas experiencias nos enseñan.

Le dije:

'Primero que nada, quiero desearte buenos días, porque lo son, aunque no lo parezcan'.

En segundo lugar, quiero decirte que estás viviendo la verdadera esencia del trading. La experiencia en el trading es lo más parecido a la vida real. En el trading, encuentras tropiezos, pierdes, ganas y aprendes mucho. Lo más interesante no es lo que sucede dentro del trading, sino lo que construyes en tu vida y la persona en la que te conviertes. Lo que realmente importa es cómo vas a aplicar el aprendizaje que esta experiencia te ha dejado y cómo te vas a comportar a partir de hoy ante ese aprendizaje.

Tienes dos opciones. La primera, que la mayoría de las personas y lamentablemente, la gente que tiende a fracasar escogería, es rendirse, tirarse en la lona y llorar. Eso es lo que haría la mayoría. Sin embargo, tú, que has decidido abrir tu vida a esta gran oportunidad de aprender un mercado nuevo, de entender cómo se mueven los índices de fuerza, los precios y los pares, seguramente perteneces a una mentalidad diferente. Tienes una mentalidad que representa solo al 1% de la población.

Quiero decirte algo: las personas como tú son diferentes. Las personas como tú se levantan de la lona y dejan de llorar. A pesar de que hayan perdido una cuenta y no sepan cómo recuperar ese dinero, lo único que te puedo decir es que te levantes y sigas luchando, porque esto no es ni la primera ni la última vez que te va a pasar.

Déjame decirte algo: no eres ni el primero ni el último que supera estos retos. Esto es algo normal y les pasa a todas las personas. Me pasó a mí, y eso es lo que hace que la historia de tu vida sea interesante. Imagínate qué aburrida sería la historia de tu éxito si simplemente dijeras que entraste al mercado, operaste y te volviste rico. No, la vida en el trading tiene sus altibajos. En el trading aprendemos que todo sube y baja, hace movimientos y retrocesos, y eso está bien, es normal.

Por lo tanto, lo que te está pasando hoy, querido trader, es normal, completamente normal. Así que disfruta y comienza a agradecer por lo que tienes. Cuando me dijeron esto por primera vez, no tenía sentido para mí.

Te preguntarás, ¿cómo carajos podría agradecer por algo malo que está pasando en mi vida? Quiero decirte que me sentí como tú, devastado y triste, preguntándome cómo podría ser agradecido por todo lo que tengo. Pero te digo algo, cuando lo hice, descubrí que ese era uno de los secretos. Agradece, y verás cómo cambia tu mentalidad.

Comienza a decir 'gracias' por lo que aprendiste en tu trading hoy, gracias porque eso no te permitirá cometer el mismo error de nuevo. Gracias porque esto está forjando tu carácter. Gracias por tener una cuenta real y estar desarrollando una mentalidad que te permita pertenecer al 1% de la población.

Recuerda, el que agradece merece. Y cuando tú agradezcas, estarás preparado para que la abundancia llegue a tu vida. Pero necesitas pasar por este proceso. Así que, sea lo que sea que estés viviendo, sea como sea que te estés sintiendo, solo quiero decirte algo: agradece por estar vivo, porque si no fuera así no estarías leyendo mi libro. Y si estuvieras muerto, entonces nada de estas palabras tendría sentido. Así que siéntete feliz, gozoso y especial porque estás vivo, estás de pie y mientras haya vida hay esperanza.

Hoy tú estás de pie y vivo. Así que vamos para adelante. Levántate, sacúdete y estírate. Siéntate bien, con esa fuerza que te permitirá levantarte y decir: 'No sé cómo lo haré, pero lo haré'. Y comienza a decretar lo que sí quieres, no te centres en lo que ya pasó o en lo que has perdido.

Olvídalo y concéntrate en lo que deseas de ahora en adelante. Di: 'Estoy tan feliz y agradecido ahora que soy un trader rentable y ganador. Estoy tan feliz y agradecido ahora que me he convertido en la versión del trader que siempre quise ser, gracias a los golpes y aprendizajes que he tenido en la vida'. Siéntete dichoso y feliz, porque vas a decretar lo que vas a tener y tu vida empezará a cambiar. Te darás cuenta de que te conviertes en el trader que siempre deseaste ser.

Agradece por lo que tienes, agradece en el presente lo que tendrás en el futuro y comienza a decretar. Di para ti: 'Estoy tan feliz y agradecido ahora que tengo múltiples fuentes de ingresos. Estoy tan feliz y agradecido ahora que soy un trader rentable y ganador.

Estoy tan feliz y agradecido ahora porque estoy impactando la vida de mi familia. Estoy tan feliz y agradecido porque el dinero no representa un problema para mí. Estoy tan feliz y agradecido porque todos mis sueños y todas las cosas que siempre quise están llegando a mi vida.'

Cuando cambies tu mentalidad, cuando pienses como te estoy sugiriendo, en ese momento tu vida cambiará y te convertirás en el trader que decretaste ser. Las decisiones son tuyas y convertirte en un trader ganador depende de ti. Puedes quedarte en la lona llorando o levantarte y seguir luchando. Si eliges seguir luchando, te mando un fuerte abrazo de corazón.

Quiero decirte a ti que estás leyendo esto, aunque no seas trader o aunque seas una persona normal que no está tan inmersa en este mundo como nosotros, puedes convertirte en uno de los nuestros. Y si no es lo que quieres, no pasa nada. Lo importante es entender que este consejo también puede ser útil para ti, porque el trading nos ayuda a encontrar experiencias valiosas para la vida.

Capítulo 3

El ABC del Trading

Recientemente, tuve una experiencia increíblemente gratificante mientras enseñaba a mis estudiantes. Logramos un éxito rotundo en nuestras operaciones, y ese día, tres de las tres operaciones resultaron ser ganadoras. Me siento sumamente emocionado, contento y agradecido con Dios y con la vida por todas las cosas maravillosas que están sucediendo. Quisiera compartir contigo una reflexión que surgió de esa sesión, una que estoy seguro te resonará y te inspirará en tu propio camino como trader:

Somos personas que no somos ordinarias. Tú, que estás leyendo esto, eres una persona extraordinaria. Hemos elegido un camino distinto al de la mayoría, hemos tomado decisiones diferentes que bendicen y que hacen que el futuro de nuestra familia sea totalmente diferente. Recuerda que toda acción tiene una reacción; por lo tanto, las decisiones que tomes hoy afectarán mañana a tu familia. Así que te pregunto, ¿qué tipo de decisiones estás tomando hoy? ¿Qué estás haciendo hoy?

Nosotros somos diferentes. Nos levantamos todos los días temprano para trabajar, para presentarnos frente a un computador y hacer diferentes tipos de análisis. Pensamos diferente a los demás. Por lo tanto, cuando la gente te diga que eres diferente, respóndeles con orgullo que sí lo eres. Si te dicen que has cambiado, acepta que es verdad. Si notas que tienes pocos amigos, bienvenido al círculo de la soledad. Donald Trump dijo que uno de los principios del éxito es que te quedarás sin amigos, que estarás solo. Pero durante ese camino solitario, pasarás por diversas tribulaciones y aflicciones que te harán una mejor persona y prepararán tu alma para la siguiente versión de ti mismo. Estás puliendo tu vida y subiendo de nivel. Así que no te sientas mal si estás enfrentando retos en tu vida; al contrario, siéntete feliz, agradecido y bendecido.

Todos los días, recuerda agradecer en positivo y en presente por lo que tendrás en el futuro, porque tú eres el creador de tu realidad y de todas las cosas buenas que vienen a tu vida. Agradece por lo que tienes, por lo que eres, y por las cosas buenas que están llegando a tu vida. Di todos los días: agradezco por las cosas buenas que llegan a mi vida, me siento feliz, bendecido y abundante.

¡Bienvenido al club del 1%! Somos ese 1% de la población que piensa distinto. Somos distintos, diferentes. Nos levantamos a las 5 de la mañana todos los días para buscar oportunidades. No nos damos por vencidos y estamos dispuestos a hablar de pérdidas como si habláramos de cualquier cosa. Vivimos la vida de una manera distinta.

Si tú eres de los míos, si piensas como yo, ¡bienvenido al club! El club de los distintos, el club de los diferentes. Bienvenido a esta gran familia de locos que estamos aquí para abrazarte y para decirte ¡bienvenido a esta conexión espiritual armoniosa que va a bendecir tu vida y la de muchas personas! Recuerda, tus acciones de hoy repercutirán en el futuro de los que más quieres.

La magia del agradecimiento

Hay algo que tiendo a hacer seguido y te invito a que puedas comenzar a hacerlo. Quiero que lo hagas, por favor. Lleva la mano a tu corazón, y siente cómo está latiendo hoy y da gracias porque ese corazón está latiendo. Porque si ese corazón no estuviera latiendo hoy, tu no estarías aquí. Y esto es simple, esto es algo tan simple como saber que tenemos un corazón hoy día.

La realidad es que debemos estar muy agradecidos por el simple hecho de estar vivos, de respirar, mirar, escuchar, sentir y poder estar juntos como comunidad.

Así es que, si hoy no tenías nada para agradecer, si te sentías devastado por la semana que tuviste, buena o mala, si te sientes agotado en tu vida, yo solamente te invito a que agradezcas. Y te juro que cuando empieces a agradecer, te vas a dar cuenta que tienes más cosas para agradecer que para quejarte. Y estoy seguro que así va a ser.

Así es que agradece por lo que tienes. Agradece por tus hijos, agradece por tu vida, agradece por tu salud, agradece porque respiras, agradece porque tienes un corazón. Y qué importa lo que no tienes. La realidad es que lo que no tienes no te define

El Impacto de nuestras decisiones

Ayer alguien me preguntó qué había estudiado y la realidad es que sí tengo un título universitario. Sí, lo tengo, pero está debajo del colchón y la verdad es que no me importa. Lo cursé porque las personas querían que yo tuviera un título. La realidad es que en mi vida pasada me definían por tenerlo o por no tenerlo. Y sabes qué, un día decidí que ese título universitario lo iba a mandar debajo del colchón porque no me importaba. Y ahora, cuando alguien me pregunta qué soy, yo solamente digo, soy un ser humano. Yo no soy licenciado, ni doctor ni maestro, yo soy un ser humano común, no corriente, pero soy un ser humano que ha decidido cambiar la historia del mundo y ayudar a la gente. Ese soy yo y ese es mi título. Y la realidad es que les digo algo y quiero que todos ustedes lo vean así, nada nos define, ningún título nos define, ni siquiera los triunfos nos definen. Es más, ni las ganancias de esta semana nos definen. Si perdiste o ganaste esta semana, eso no te define. No importa si quemaste tu cuenta, no importa, eso no te define. Lo que verdaderamente define es quién eres, es lo que haces después de hoy.

Te digo algo, conocí a un gran amigo de Colombia y platicando con él, me contó que había recibido varios impactos de bala. Él es un militar y me mostró incluso las cicatrices. Yo le pregunté qué tenía aquí en esta cicatriz y él me dijo que recibió un impacto de bala ahí. Imagínate que mi amigo ese día que recibió el impacto de bala, se hubiera rendido y decidiera retirarse del ejército. ¿Qué habría pasado si él se hubiera rendido? Seguramente no sería quien es hoy.

Después platiqué con otro amigo con el que estábamos juntos en una reunión en Bogotá. Él me platicó que había llegado a uno de los máximos rangos que existen en el ejército. Platicando con él, también tiene una historia y todos tenemos una historia. Tuvo una historia en la cual él sufrió un accidente. ¿Qué habría pasado si se hubiera rendido después de ese accidente? Si no hubiera querido continuar con su vida adelante después de eso, ¿qué habría pasado?

Reflexiona sobre tus decisiones y el impacto que tienen. Hoy, quiero compartir contigo acerca de mí. No estoy seguro de lo que esperas de este capítulo, pero decidí titularlo "El ABC del Trading". Todos conocemos el abecedario, y hoy quiero hablar sobre los fundamentos, sobre aquello que probablemente no esperabas que te contara.

Es fácil para alguien en mi posición simplemente decir "Soy el mejor trader del mundo, nos vemos, adiós". Pero eso no es lo que quiero compartir contigo, porque sería una mentira. Quiero hablarte sobre la realidad, sobre lo que nadie te cuenta. A menudo, vemos en Instagram los Lamborghinis, los Ferraris, las casas lujosas y la vida aparentemente perfecta. Pero eso no es lo que realmente quieres saber.

Lo que realmente te interesa es cómo alcanzaron ese nivel de éxito. Lo que nadie te cuenta son los errores que cometieron en el camino, las verdaderas luchas y desafíos que enfrentaron para llegar allí. Eso es lo que quiero compartir contigo en este capítulo

El camino del Trader

Quiero contarte cómo quemé mi primera cuenta y seguramente vas a decir ¿Y eso cómo me va a ayudar en mi trading? quiero que aprendas todo lo que hice mal, porque yo no quiero que cometas los mismos errores que cometí, yo quiero que dejes de cometer los mismos errores que yo sí cometí; y bueno mi historia de cómo llegué al trading empieza así:

Yo era una persona exitosa, con todo lo que necesitaba en la vida. Vengo de una familia con un padre maravilloso. Él era músico de profesión, tocaba la trompeta en un mariachi. Mi padre solía ir a los restaurantes, acercándose a las mesas para ofrecer música. Sin embargo, la mayoría de la gente rechazaba a los músicos porque no querían pagarles. Por lo tanto, eran muy pocos los que realmente contrataban a mi papá.

Imagina que en México, una canción tocada por un mariachi costaba alrededor de $20. Siendo un grupo de 10 mariachis, a cada uno le tocaba $2 por canción. Recuerdo que mi papá llegaba a casa y le decía a mi mamá, usando siempre las mismas palabras: "Hoy no pescó la Garza". Eso significaba que no había ganado dinero ese día. Como niño, me afectaba escuchar eso, viendo la frustración de mi madre por no tener suficiente dinero para la comida.

Entonces, mi papá le daba a mi mamá un billete, que realmente era insuficiente para vivir. No sé cómo, pero mi mamá, al igual que Jesucristo, multiplicaba la comida con mucho amor y cariño. Siempre digo que las mujeres son extraordinarias, porque mi mamá lograba hacer que ese poco dinero alcanzará para todos en casa. Nunca me quedé sin comer. Hasta el día de hoy, no ha habido un solo día en mi vida en que me haya quedado sin comida. Agradezco a Dios por eso.

Es cierto que no tuve los lujos que muchos otros niños tenían. Santa Claus no siempre me traía los regalos que otros niños recibían. Hubo cosas que hubiera deseado, pero no me lamento de nada. Al contrario, estoy feliz y agradecido por la vida que tuve, porque desde pequeño esas experiencias me enseñaron los conceptos necesarios para convertirme en un trader institucional. Y ahora quiero hablarles de esos errores.

Cuando cumplí 18 años, tomé una decisión que muchos podrían catalogar como buena o mala. Alrededor de los 20 años, decidí hacer algo que cambiaría mi vida por completo: casarme joven. Me casé apenas a los 20 años, y

¿qué me llevó a tomar esa decisión? Fueron muchas cosas, tal vez lo que pensaban los demás, el miedo a lo que dirían, y también lo que yo sentía en ese momento.

Sin embargo, nunca pensé en cómo iba a mantener a mi familia, que es lo más importante. Nos casamos y decidimos formar un hogar. Resulta que mi esposa presentaba muchos quebrantos de salud y tuvo que ser operada varias veces poco después de casarnos. Recuerdo que los dolores eran tan fuertes que tuve que llevarla al hospital. Un día, en una institución pública gratuita, le mencioné al doctor que a mi esposa le dolía la matriz. Yo no sé nada de medicina y el doctor me respondió de manera grosera, preguntando cómo sabía que era la matriz.

Ese día, le dije a mi esposa: "Te prometo que voy a ser millonario y nunca más vamos a pisar este tipo de hospitales. "Fue en ese momento cuando tomé la decisión de hacer algo para cambiar nuestra situación. Pero lo importante aquí no es presumir de mi vida, porque en realidad no tenía mucho que presumir. Lo que quiero decirte es como llegue a ser un trader rentable y que conozcas esa parte del trading que quizás nadie te ha contado y es allí a donde quiero llegar.

En ese momento, decidí hacer un cambio. Salí del hospital y comencé a buscar oportunidades. Un amigo me invitó a una reunión en un hotel. Para ese entonces, yo trabajaba en una tortillería. Tenía 20 años y manejaba una motocicleta con una hielera; en México, las tortillas se venden mucho, así que yo tenía que repartir tortillas en todas las tiendas de abarrotes y en el supermercado. Mi trabajo era surtir tortillas y, como podrás imaginar, tuve varios accidentes en moto. Obviamente, es muy arriesgado, y más aún porque siempre iba contra el tiempo.

Después me ascendieron a repartidor Pro. Me cambiaron de una moto a un carrito pequeñito. En ese carro había una bocina que traía una canción de Barney el dinosaurio. La canción decía "palmada a palmada tortillas hacemos". Me daba mucha vergüenza ir en un coche por todas las calles con la música a todo volumen, haciendo que la gente saliera a comprar tortillas conmigo. Era yo quien se paraba afuera de las casas para venderles las tortillas. Para mí era penoso y no me gustaba mi trabajo. Me daba mucha vergüenza. Me pagaban 500 pesos a la semana, lo que equivale a unos $25 dólares. Eso era lo que ganaba por semana.

Yo creía que con eso estaba bien porque comíamos. Quiero agradecer a mi esposa ya que con ese dinero, comprábamos puro arroz y aprendimos a comer de recién casados, arroz con todo lo que te puedas imaginar pero con todo el amor y creatividad en los platos Era lo más económico y agradezco cómo con poco se hizo mucho. Eso realmente cambió mi vida.

El punto de inflexión

Un amigo me invitó a una reunión, y aquí es donde quiero que vean la importancia de las decisiones. Este amigo, que también era mi jefe en la tortillería, me dijo: "Ema, yo siento que tú no naciste para vender tortillas".

Cuando mi amigo me dijo eso, pensé: ¡alguien finalmente lo entendió!. Yo no nací para vender tortillas. Siempre quise ser piloto aviador, y se lo dije a mi amigo.

Recuerdo que cuando iba en la moto y pasaba por los puentes, miraba hacia abajo y soñaba con ser piloto. Miraba las casas desde arriba y me imaginaba manejando mi propio avión. Era mi sueño, y aún lo es.

Voy a ser piloto de avión privado, tal vez no comercial, no voy a manejar un avión de American Airlines, pero voy a manejar mi propio avión. Sin duda lo voy a hacer, es un sueño que voy a cumplir porque amo los aviones. No se imaginan cuánto, pero sigamos con lo de las tortillas.

Imagínense a Ema vendiendo tortillas. Recuerdo que mi patrón me dijo: "Ema, tú no naciste para vender tortillas, tú naciste para algo más grande". Cuando mi patrón me dijo eso, yo pensé: ¡Sí! Yo nací para algo más grande.

Y así fue como me invitó a una reunión. Me dijo: "Esta tarde te voy a llevar a una reunión en la cual te van a enseñar a ganar mucho dinero". Para alguien que no tiene dinero, cuando escuchas eso, por supuesto que te interesa. Entonces me dijo que a las 6:00 pm pasaría por mí.

Cuando llegaron a buscarme a las 6, yo salí de casa en shorts y sandalias. No sabía que la reunión sería en un hotel. Llegué allí y todas las personas estaban vestidas con traje y corbata, y yo con shorts y chanclas. Además, me pusieron una etiqueta de color diferente para indicar que era nuevo y me sentaron en primera fila.

En la reunión, el presentador empezó a hablar del cuadrante de flujo de dinero de Robert Kiyosaki. Explicaba que hay cuatro tipos de personas: el empleado, el autoempleado, el dueño de negocios y el inversionista. El empleado trabaja para alguien más, el autoempleado tiene su propio negocio y necesita estar ahí para que funcione, el dueño de negocios tiene un negocio con más de 500 empleados que funciona sin su presencia, y el inversionista hace que su dinero trabaje para él.

Me preguntaron dónde creía que estaba la gente que más dinero gana y me dijeron que están del lado derecho, donde están los dueños de negocios y los inversionistas. En ese momento, Ema pensó: ¿Qué tengo que hacer para poner un negocio? Pero el monto para empezar un negocio era muy alto y yo no tenía dinero. Sin embargo, tenía muchas ganas y pensé: ¿Qué tengo que hacer para ser inversionista? Empecé a pensar y a decretar que mi vida sería la de un inversionista.

Aquí es donde quiero que todos entiendan esto. El que no lo sepa hoy lo va a aprender y el que nunca lo haya escuchado hoy necesitaba escucharlo: *el cuadrante de flujo del dinero*.

Me dijeron, "Ema, tú tienes que saltar de aquí a aquí". Pero antes de ir a allá, tenía que ir de empleado a autoempleado, de autoempleado a dueño de negocios y de dueño de negocios a inversionista. Me enseñaron que este era el camino que yo tenía que seguir, por lo tanto, dije: "perfecto, tengo un trabajo, yo soy un empleado, me voy a convertir en un autoempleado".

Entonces empecé a vender pastillas para bajar de peso porque fue lo que me invitaron en esa reunión. La persona que estaba al frente dijo: "¿Quién quiere ser millonario?" y yo levanté la mano. Después dijo: "¿Quién va a ser millonario?" y yo me levanté. Dice mi jefe que nunca se había imaginado que yo iba a reaccionar así, porque nadie en la sala levantaba la mano. Osea,, regularmente cuando la persona preguntaba: "¿Quién quiere ganar dinero?" nadie levantaba la mano. Solamente yo levantaba la mano.

Al final, la persona que estaba dando la conferencia se me acercó y me dijo: "Veo tu entusiasmo y tus ganas por ganar dinero y sé que vas a ganar". Resulta que vendían unas pastillitas, por cierto el único producto que yo aprendí a vender, para explicar cómo funcionaban estas pastillitas, te cuento que se ponía avena en dos vasos con agua, avena normal, en un vaso se ponía dura la avena con el agua, pero al otro le ponías la pastillita mágica y ella hacía que se pusiera la consistencia del otro vaso diferente, entonces cuando le hacías el experimento a las personas todos te compraban, por lo que me convertí en un vendedor de pastillas, empecé a vender y a vender y a vender.

Después fui a un evento que se llamaba "Corre por Diamante". Me dijeron que si yo era diamante, era como tener un título universitario. Yo no sabía lo que eso significaba, pero dije: "yo voy a ser diamante". Tenía dinero, no, eh, sabía hacer negocios, no, lo único que tenía era hambre, una esposa que había aceptado casarse con una persona que no tenía nada, pero que sí teníamos mucha necesidad económica y además venía de una familia a la cual yo quería ayudar.

Pues para no hacerles la historia larga, me convertí en Diamante de esa compañía. Después llegué a doble diamante, luego a triple diamante. Después me cambié de Industria a otra compañía, me hice triple diamante y empezó a llegar mucho, mucho dinero, hasta que de pronto llegué a la compañía equivocada. Esta compañía ofrecía que mi dinero lo iban a multiplicar, estaba ubicada en Colombia, y obviamente ya no existe, el caso es que ofrecían que lo que yo pusiera de capital me lo iban a multiplicar haciendo trading, eso es lo que me dijeron: "haciendo trading".

Y ahí entró una palabra en mi mente: trading, ¿qué es el trading? Bueno, pues yo puse todo el dinero que tenía ahorrado y, ¿qué creen? Perdí todo, me lo robaron, muchos millones, se desaparecieron. Y no solamente me robaron a mí, le robaron a mucha gente. En ese momento, yo había perdido alrededor de 5 millones de pesos mexicanos, que son alrededor de unos 250,000 a 300,000 más o menos, pero para mí era mucho porque era lo que yo había construido, recuerda que yo ganaba $25 a la semana. Entonces, para mí era mucho dinero, era mi ahorro y el esfuerzo de tantas compañías en las que había estado.

Perdí todo mi dinero por creer en esas compañías, pero sabes qué es lo que más perdí: mi reputación, porque invité a toda la gente que me conocía a que invirtieran en esa compañía y entonces, ¿qué crees que pasó? Todos me odiaron, mi familia sobre todo, porque los invité a todos,, a mis papás, tíos, primos, y entonces, todo el mundo me odiaba. Paso a seguir, tuve que pagarle a mucha de esa gente, no sé si ustedes han estado en el mismo lugar que yo, seguramente si.

La realidad es que perdí mucha plata, pero ahí llega Dios, y eso fue hace más de 7 años, y entonces, a mí me dijeron que el trading era lo que hacía generar dinero. Y me dije: "yo me voy a convertir en un Trader de esos que dicen que ellos tienen y lo que yo voy a hacer es aprender a manejar el dinero, pero voy a enseñarle a la gente para que no caiga en estafas piramidales". Y ahí es donde nació Master Traders, una empresa que fundé hace 7 años, con el sueño y la ilusión de que la gente no estuviera en estafas amañadas. Ese era mi sueño, mi motivo, mi porqué.

Perdí todo lo que tenía y decidí que iba a hacer un cambio en las personas. Y entonces, me dediqué a estudiar trading y no sabía lo que me esperaba, venía de perder dinero, pero no sabía que estaba a punto de perder aún más. Y aquí, bienvenidos al mundo del trading, porque aquí es donde empieza realmente la parte bonita de todo esto. Y les quiero contar lo que es el trading y dar un par de consejos.

Ahora sí, bienvenido al Trading

Cuando entré al trading, tomé un curso en línea que me costó $500. Venía de perder mucho dinero y aún así pagué para aprender a hacer trading. Ese fue mi primer error: pagar por un curso de trading.

Después de pagar por ese curso, me enseñaron a hacer trading en una semana, imaginate en 5 días aprendí a hacer trading. Me sentía súper bueno, ágil, el mejor porque operaba mi cuenta demo y haciendo scalping llevé mi cuenta de 100,000 a 200,000. Dije: "soy el mejor, nací para esto".

Por lo tanto, fui y hablé con toda mi familia, muchos amigos, todos los que habían perdido dinero conmigo en las pirámides, y les dije: "¿Qué creen? Ahora sí vamos a ser ricos, denme su dinero porque yo les voy a trabajar su dinero". Ese fue mi segundo error: tomé el dinero de la gente. En total junté más de $50,000 USD. Ese dinero se quemó en 3 días..

Esa fue mi primera cuenta quemada. Para mí era todo, era la oportunidad de resarcir las pérdidas anteriores, lo significaba todo. Por eso quiero que vean lo que yo hice, los errores que cometí para que no los repitan. Error número dos: agarré dinero que no era mío. Resulta que entro en una operación, específicamente en oro, no conocía de este metal, no tenía un mentor, no tenía una academia, no tenía lo que ustedes tienen. Entonces, pongo mi operación de 10 lotes en una cuenta de 50,000 y puse una compra en el oro porque estaba seguro que el oro iba a subir, según yo, porque era el experto.

Entonces tenía una semana haciendo trading y me sentía que podía con todo, porque yo dominaba el mercado, porque ya había visto mis 50 videos y terminé de verlos y dije "ahora sí mercado, te voy a hacer pedazos", pero no sabía todo del trading. Y llegó al mercado, le pongo 10 lotes y se me va en contra de mi operación. Y dije: "no pasa nada, mi cuenta todavía tenía capital". Pero no puse stop loss, obviamente, por eso digo mis errores de novato y hoy les voy a hablar de esos errores.

Pierdo 10,000, bueno negativos 10,000, y digo: "ya sé, si meto una operación aquí que está muy abajo, el precio va a empezar a subir". Y meto otros 10 lotes y pongo mi segunda operación de 10 lotes. Preguntenme si hice análisis del mercado, obviamente no. Es que como a mí me habían dicho que en los soportes y resistencias el precio rebotaba, yo dije: "ya sé, pues ahí hay un soporte, ahí hay un doble techo, es la de hora de entrar". Por eso yo siempre les digo que no se crean de esas cosas.

Bueno, yo me creí esto y entre y me doy cuenta de que seguía perdiendo dinero y perdiendo dinero. Pero eso no fue todo, como soy de una familia creyente, puse a toda mi familia a orar por mi dinero, en serio. Y entonces nosotros empezamos a pedirle a Dios que nos diera, que nos ayudará a que el precio subiera. Y a lo mejor va a parecer absurdo para muchos, pero les digo algo: cuando no haces análisis técnico, análisis fundamental, cuando haces todo mal, por más que le pidas a Diosito que te ayude, pues obvio no va a pasar porque, o sea, también, Dios ayuda, pero no abusemos cuando nosotros mismos no nos ayudamos, ¿verdad que sí?

No pretendamos convertir una calabaza en un carruaje para Cenicienta, escudándose en Dios, diciéndole: "Diosito, aquí está la calabaza, conviértela en un carro porque necesito un carro". Lo que yo le estaba pidiendo, era que por favor el dólar bajará con fuerza para que entonces mi dinero subiera. Eso era lo que yo estaba pidiendo.

Y bueno, para no hacer la historia muy larga, resulta que el precio siguió bajando, siguió bajando y mi cuenta terminó por quemarse. Me sentía devastado, horrible, sentía que no podía más y en ese momento quería que el mundo se acabara, tenía una deuda más grande porque había tomado dinero que no era mío y decía: "¡Oh Dios, qué voy a hacer ahora!" Y entonces pensé que el trading no era para mí y dije:

"el trading no es para mí, definitivamente, esto no se hizo para mí, voy a dejar esto de lado y el trading no es lo mío".

Y la realidad es que no estaba siendo responsable de mis errores porque hice todo mal y yo no estaba siendo responsable. Y les cuento esto porque seguramente alguno de ustedes le ha pasado y si no le ha pasado, le va a pasar. Entonces empecé a hacer una lista de qué había hecho mal y dentro de mis errores de novato estos fueron los primeros. Y les comparto los errores de Ema, pero no estoy diciendo que son los errores de ustedes, son mis errores, es mi historia y es lo que yo hice mal y no quiero que ustedes lo hagan también.

Los errores de Ema

Lo primero es que pedí dinero prestado para hacer trading, esa es la regla número uno, no pidan dinero prestado para esto, jamás, ojalá cuando yo comencé hubieran existido las cuentas de fondeo, así hubiera perdido 500 y no 50,000, sin duda preferiría perder 500 de mi dinero que perder 50,000 porque de todos modos los vas a perder, perderás tus primeras cuentas de fondeo y es normal, pero van a perder, prepárense para perder porque van a perder así de rudo como me escuchan así se los tengo que decir.

Segundo error dejé mis operaciones sin stop loss, tercer error dejé abiertas mis operaciones por varios días, mi cuarto error no tenía una gestión de trading, no tenía un plan, mi quinto error no tenía un mentor que me guiara como ustedes lo tienen, por eso es que yo me prometí que yo iba a ser un mentor, porque por lo menos todos los días si ustedes entran a mis sesiones a lo mejor hay quien puede decir, yo soy Trader y yo no necesito a Ema. Te digo algo, siempre vas a necesitar escuchar la visión de alguien más, escuchar análisis de para dónde va el mercado aunque seas muy experto, yo lo necesito todavía a pesar de que tengo muchos años en esto, yo también necesito de pronto escuchar qué están pensando los demás para poder guiarme en lo que yo creo que está bien.

¿Qué tipo de mentor seré?

Yo decidí ser el mentor de muchas personas porque quería ayudar a que la gente no perdiera como yo perdí. ¿Por qué creen? Yo tuve un mentor que cuando pedía apoyo, lo primero que me daba era el precio de su mentoría, carísima y para completar él era grosero. Cuando esto sucedía, sentí una impotencia, una rabia porque dije: "No es posible que la gente esté lucrando con el trading y que para poderme decir hacia dónde va el mercado necesito forzosamente pagarle $1,000".

Y entonces, yo dije: "A lo mejor no le puedo contestar a un millón de personas que es mi meta, pero si puedo hacer un análisis en un streaming en vivo todos los días y decirles para dónde va el precio, porque eso les ayuda a todos". Y entonces decreté que seré totalmente diferente a mi profe. "Yo voy a ayudar a la gente, voy a tratar de ayudar verdaderamente porque yo sé lo que se siente estar perdiendo una cuenta y él no me apoyó".

Y está bien, les digo algo: él ya no está aquí, ya ni existe en el mundo. Este es una persona que ya Dios se lo quiso llevar, pero aún cuando él seguía con vida tuve la bendición de llegar a tener más dinero que él, aún cuando estaba con vida. Y eso le molestó mucho porque él no supo cómo contener que alguien lo hubiera superado a él.

Otra lección aprendida es la que yo siempre le digo a mi comunidad: yo quiero que ustedes sean mejores que yo. Quiero crear mejores traders que yo, porque si un día yo necesito una mano, yo sé que les voy a poder pedir. Y hay una canción que dice "yo quiero tener un millón de amigos". Es una canción vieja, la ponía mi mamá. Y les digo algo: yo quiero tener un millón de amigos, porque un día, si la vida me da vueltas -porque la vida da muchas vueltas- imagínate que yo ayudé a un millón de personas. ¿Tú qué crees que va a pasar si yo le pido que me preste 1 dolar a cada persona?. Yo voy a tener un millón de dólares, entonces mi vida va a estar resuelta.

Y la realidad es que yo sé que esa gente, por el cariño, me va a ayudar cuando yo lo necesite, porque yo ayudé a esa gente cuando esa gente me necesitaba. Entonces, por eso yo pido a mi comunidad que vean la película "cadena de favores", porque esto es una cadena de favores en donde yo ayudo a una persona, y el después me ayuda a mí. Pero después yo ayudo a alguien más y ese alguien más después ayuda a alguien más. Y eso es lo que verdaderamente deberíamos de hacer en el mundo.

Creo que si hubiera más traders dispuestos a ayudar a los demás sin pensar en primero cobrar primero, este mundo sería diferente y más en el mundo del trading. Porque la gente cuando llega a este mundo, por supuesto que no tiene dinero, por eso está aquí, porque quiere tenerlo. Y si tú ya lo tienes, si Dios a ti ya te enseñó cómo se hace y tú ya pasaste por 7 años de pérdidas -o bueno, no han sido todas pérdidas- pero si ya pasaste un proceso de perder mucho, yo creo que Dios te puso ahí no para que te sientas superior a los demás. Yo creo que Dios te puso ahí, al contrario, para que tú seas el que ayuda a los demás. Esa es mi mentalidad y creo que si yo hago eso, la gente al estar ayudando, esa gente va a ser bendecida por Dios. Y eso es lo que yo quiero.

La práctica hace al maestro

Después de no tener un mentor que me guiara, me enfrenté a otro desafío: nunca me enseñaron a hacer análisis fundamental. Imagínense, observaba cómo los precios fluctuaban de manera errática sin comprender las razones detrás de esos movimientos. Por eso, les recomiendo enfáticamente: siempre realicen análisis fundamental.

Yo cometí el error de operar en real directamente y sin rumbo. Esto significa que si estás aprendiendo en la academia, te invito con todo el amor del mundo a que primero practiques en una cuenta demo. Después te pasas a una cuenta de fondeo. Sí, son fake y lo que tú quieras y van a tronar todas, sí, es cierto. Pero al principio por lo menos te va a ayudar a sentir el sentimiento de operar en una cuenta real sin que arriesgues tu capital.

Te quiero platicar algo que descubrí, y es que vivimos en un modelo educativo en todo Latinoamérica, y creo que en muchas partes del mundo. Esto lo he notado al ver películas y series españolas, a través de las cuales he observado un poco cómo son sus culturas, aunque no puedo juzgar lo que no conozco.

Pero quiero compartir que hemos sido formados en un sistema educativo que considero obsoleto, donde la premisa principal era no equivocarnos. Nos inculcaron ideas como "no te levantes de la silla, no hables con los demás, no cuestiones", y sobre todo "no te equivoques en el examen porque vas a reprobar y vas a tener un mal promedio". Básicamente, nos educaron para tener miedo, especialmente miedo a equivocarnos, enseñándonos que fallar era algo completamente negativo.

Frente a esto, decidí tomar un camino diferente dentro del sistema educativo. En mi propia academia, alguien me preguntó una vez si otorgamos algún tipo de reconocimiento oficial. La verdad es que no, aún no, pero espero que algún día sí lo hagamos. De hecho, creo firmemente que mi academia podría rivalizar con grandes universidades, como la de Michigan, Harvard o Minnesota. Puede sonar a una afirmación atrevida, pero les explico por qué pienso esto.

La razón es que, a diferencia del modelo educativo tradicional, yo estoy enseñando a la gente a que se equivoque, a que entienda que equivocarse es una parte normal y esencial del aprendizaje. Si alguien me dice "Ema, yo quiero levantarme", mi respuesta es "levántate". Si alguien quiere gritar, que grite. Si no pasaron su examen de fondeo, les digo "¿Qué más da? No pasa nada". Les ofrezco mi apoyo y los animo a intentarlo de nuevo, porque estoy convencido de que el siguiente intento será exitoso. Esto marca una gran diferencia con la escuela tradicional, donde los errores son frecuentemente motivo de crítica y castigo.

Hace dos semanas tuve la oportunidad de charlar con un buen amigo, a quien quiero mucho. En nuestra conversación, él me compartió que aún no había logrado avanzar en su carrera como Trader en la academia de trading. La razón era que su escuela, su universidad, le estaba consumiendo mucho tiempo y esfuerzo.

Durante esa charla, le hice una pregunta muy importante, y quiero enfatizar que lo hice con la mejor intención y mucho cariño. Le pregunté: "Amigo, dime la verdad, cuando termines la universidad, ¿realmente algo va a cambiar en tu vida? ¿Vas a aspirar a algo diferente? ¿Qué es lo que esperas tener?". Su respuesta fue directa y sincera: "¡No va a cambiar nada! Seguiré teniendo el mismo ingreso, el mismo salario, todo seguirá igual".

Ante esto, le planteé una reflexión: "Entonces, ¿para qué continúas ahí?". Quiero aclarar que con esto no estoy alentando a las personas a que abandonen sus carreras universitarias. Lo que trato de señalar es que en el mundo del trading, a veces, es necesario ganar experiencia perdiendo. Es fundamental aprender a perder para poder avanzar.

Dos días después de nuestra charla, mi amigo me envió un mensaje de audio. Me dijo algo que realmente me impactó: "Ema, he decidido dejar mi universidad y dedicarme completamente al trading, a algo que realmente me va a enseñar y ayudar a ser un mejor Trader". Este paso que dio mi amigo significa mucho para mí y trae consigo una gran responsabilidad. Al haberle dado mi consejo, ahora me he convertido en alguien que ha influido en una decisión importante en su vida.

Quiero expresar que siento un gran cariño y responsabilidad por haber podido ayudar a mi amigo. Tal vez esta era la misión que Dios tenía para mí. Me he transformado en un símbolo de responsabilidad, donde debo ser muy cuidadoso con mis acciones y mis palabras, ya que muchas personas dependen de mí y de mis consejos. Por eso decidí apoyar a mi amigo en su decisión.

Así es que te quiero decir algo importante: nos han educado para ser empleados. La escuela, tal y como la conocemos, fue diseñada con el propósito de prepararnos para ser trabajadores. Permíteme resumir rápidamente lo que nos enseñaban en la escuela, y probablemente lo que muchas madres, con todo su amor, también decían, aunque no estuvieran del todo en lo correcto. Nos decían: "Hijo, levántate, ve a la escuela, prepárate, madruga, saca buenas calificaciones para que, cuando crezcas, consigas un buen trabajo. Cuando termines, busca un empleo estable".

En cambio, yo le digo a mis hijas: "Cuando seas grande, serás millonaria". Y cuando mis hijas me expresan sus sueños, por ejemplo, mi hija me dijo: "Papi, yo quiero ser doctora". Yo le respondí: "Tú no vas a ser sólo doctora, serás dueña de un hospital". Observa cómo nuestras palabras pueden moldear la mentalidad de nuestros hijos. Si a ella le gusta la medicina, que estudie, por supuesto, pero no para ser solo una doctora, sino para ser la directora de su propio hospital. Así es como estamos mentalizándola para que aspire a más.

Mi otra hija tiene un gusto por la comida, y bueno, en realidad le gusta todo. Ayer me rompió el corazón cuando empezó a hablar de novios, a sus tres años. Eso me golpeó fuerte. Confieso que tuve una noche complicada, nunca esperé escuchar algo así tan pronto, especialmente viniendo de ella. Pero cuando mencionó la palabra 'novio', tocó fibras muy sensibles en mi corazón. Aunque es solo parte de una anécdota, refleja cómo los temas de nuestros hijos nos afectan profundamente.

La realidad es que nosotros podemos ayudar a cambiar el modelo educativo de nuestros países. Educando a la gente no para ser empleados sino para ser exitosos. Y es que hay un potencial absoluto en todos. Sabes qué, en mis lectores yo veo a personas con un potencial increíble. Yo veo potencial en ti y si nadie te lo había dicho, hoy yo te lo voy a decir.

Hay muchos que no creen importante la mentalidad y van a perder más que ustedes. ¿Saben por qué?. Porque no entienden que el principio de todo se llama mentalidad, y eso es lo más importante. Para eso necesitas tener un plan de acción. ¿Qué es lo que tú quieres? Y aquí es donde entra

Ema. Quiero que con toda la humildad de mi corazón, sientan que estoy acá para ayudarles. Porque yo, Ema, les voy a compartir mi plan de acción, el plan que yo hice para que tú lo hagas.

Porque a lo mejor dicen, "nunca reveles la fórmula de McDonald's, ni la de la fórmula de Kentucky Fried Chicken, porque es la fórmula secreta y esa nunca se revela". Yo estoy en contra de eso, ¿por qué? Porque no es una pelea entre seres humanos. Yo tengo la filosofía de que sí todos crecemos y nos ayudamos, podemos tener cosas más increíbles. Por eso decidí hacer esto, porque quiero ser un mentor, porque quiero que la gente tenga su objetivo claro, entienda y descubra su verdadero potencial.

Y quiero que crees un plan de acción, una ruta y que sepas a dónde vas y que tengas un GPS que es un mentor. Y yo te prometo, que voy a ser un mentor para ti y para el que quiera y que voy a estar ahí para guiarte. Te voy a ayudar con mucho amor y nunca vas a escuchar de mi boca que te voy a decir, "si no me pagas $1,000 al mes no vas a estar dentro de mis sesiones". Jamás, ¿por qué? Porque quiero que ustedes se conviertan en personas extraordinarias.

Un día aprendí de esta frase cuando perdí mucho dinero. Yo decía, "es que soy un mediocre". Yo decía que yo lo era. Investigando me di cuenta que no lo era, porque un mediocre es una persona que medio cree. Y me di cuenta que para poder tener el éxito que yo quería, no tenía que medio creer. Tenía que creer completo. Tenía que creer que era un hombre exitoso y que , yo lo podía hacer todo. Entonces decidí empezar a creer. Decidí cambiar mi mentalidad, cambiar mis palabras. ¿Qué dicen tus palabras?

A un gran amigo con el que hablo, le he escuchado decir palabras negativas y le he reprendido con amor. Le he dicho: "Te quiero, pero no vuelvas a decir eso. Cambia tus palabras, habla siempre en positivo". Tengo otra amiga con la que he hablado mucho. Ella me decía: "Ema, es que esto y aquello". Y yo le decía: "A ver, cambia tus palabras. A partir de hoy háblate bonito, habla en positivo, y piensa en lo que quieres que suceda en tu vida". Y le instó a dejar de medio creer y convertirse en personas que creen completas.

Yo no sé si ustedes han sentido que lo han perdido todo. Seguramente alguien lo ha sentido. Y ojo, porque a lo mejor para ti perderlo todo son $100 y está bien, eso no es malo. A lo mejor para ti son $200 y eso está bien. No importa cuánto has perdido. Yo he quemado cuentas gigantes, se los he contado en algunas ocasiones. Claro que las he quemado en mi anterior vida. Y no sé si han sentido que lo han perdido todo, pero pregúntese a sí mismos: "¿He sentido que he perdido todo?". Si cuando perdiste todo, ¿por qué no perdiste también los miedos? Si perdiste todo, ¿por qué no mataste todo lo que era todo? O sea, yo quisiera que ustedes ahora enterraran sus miedos. Que hoy digan: "Yo tuve miedo esta semana y mis miedos fueron estos". Y entonces empieza a hacer tu bitácora de trading.

En tu bitácora de trading, anota cuáles fueron tus miedos y por qué cometiste errores basados en el miedo. Quiero que a partir de hoy empieces a enterrarlos. Que se mueran, has un funeral, de verdad hazlo. Y te prometo que si lo haces serás una personas extraordinarias. Porque hay una diferencia entre los ordinarios y los extraordinarios.

Y si tú esta semana sentiste que fue tu peor semana de trading, te diré algo. A ver, para empezar, no todo es tan malo. "Quemé mi cuenta", pues sí, pero es la última semana del mes, así que tranquilo. Te enseña qué días no operar, así de simple. Y bueno, una vez, cuando yo perdí todo, cuando me sentía muy mal, estaba llorando, alguien llegó y me contó una historia que se llama "Esto también pasará". En esa historia me dijo que un día alguien le dijo esta frase. Y cuando alguien te la dice es como molesta, pero cuando tú entiendes el significado de la frase te das cuenta de que todo pasa.

Cuando eras pequeño, estando en la escuela, seguramente te estresabas mucho. Te asustabas mucho porque no hiciste la tarea o no contestaste bien un examen. Y te digo algo, echa una mirada y piensa en el pasado, pregúntate: ¿Valió la pena haberme estresado por ese examen o por ese día que no hiciste la tarea? No valió la pena, la realidad es que no. O sea, de verdad, fue estresarse sin razón alguna.

También pasará, nadie se va a morir por quemar una cuenta. O sea, nadie se va a morir por perder 100, de verdad no va a pasar. Yo no me morí por perder cantidades grandes y tú no te vas a morir tampoco. Pero sí tenemos que aprender y empezar a hacer un plan de acción. Entonces quiero, por favor, a partir de hoy, empieces a hacer esto: elabora un paralelo entre lo que quiero y lo que me merezco.

Por ejemplo: Quiero cerrar una operación en cuanto se ponga azul. Y entonces ahí yo quiero que te preguntes: "¿Me merezco cerrar la operación en cuanto se puso azul?". La realidad es que no. Si empiezas a aprender a cuestionar lo que quieres contra lo que te mereces, te vas a dar cuenta de que mereces mucho más de lo que tu crees que quieres. A ver, por ejemplo, yo podría haber dicho: "Quiero un Lamborghini", podría decirlo, no. Pero la realidad es que si me preguntas si quiero uno, si me merezco un Lamborghini, yo creo que no. Yo creo que me merezco un avión. Entonces, hay una gran diferencia entre lo que quiero y lo que me merezco, porque realmente quiero un avión. Así que prefiero seguir ahorrando y multiplicando mi dinero para tener mi avión. Entonces, no me voy a comprar el Lamborghini todavía.

Entonces, si esperaban pronto ver mi foto con un Lamborghini, no será, hasta que tenga primero mi avión, después me compro el Lamborghini. Porque no es lo que quieres y no es lo que te mereces. Y te prometo que si empiezas a cuestionar siempre lo que quieres contra lo que te mereces, te vas a dar cuenta de muchas cosas.

Por ejemplo, antes de meter una operación, tú estás en el order block, en el punto y dices: "A ver, yo quiero meter la operación, pero la realidad es que me merezco esto". Realmente, ¿me merezco entrar en un viernes? Ustedes saben que yo los viernes no opero, y hoy me sentí tentado a mandarles una operación porque, como saben, yo pongo mis alarmas y me llegan a mi reloj. Entonces, el oro llegó a un punto donde era una compra increíble y yo dije: "Les voy a enviar la compra a todo el mundo para que todo el mundo esté feliz". Pero después dije: "No", porque yo no me merezco faltarme a mí mismo, a mi gestión de trading, a mi compromiso y a mi palabra. Porque yo estoy educando seres humanos con conciencia que están haciendo lo que se debe de hacer, no lo que quieren hacer.

Entonces a partir de hoy, quiero que cuestionen siempre lo que quieren contra lo que merecen. O sea, ¿quieres una cerveza? Sí, dale. Pero, ¿te mereces eso para tu salud?. No digo que no tomen, claro no tomes todos los días. Pero si tú te quieres tomar una cerveza es porque quieres pasar un fin de semana tranquilo y está bien. Pero si de pronto dices: "Pero es que esto me lo merezco para mi salud". No, entonces si no me lo merezco, no lo quiero. Entonces, empiecen a pensar en lo que quieren contra lo que merecen.

Ahora, si tú dices: "No, sí yo me lo merezco", dale, ve por él. Y ten cuidado con quién te estás comparando. Yo no sé con quién te comparas, pero mejor no hacerlo. No te compares conmigo ni con ningún trader que sigan en Instagram. Esto es algo en lo que quiero hacer mucho énfasis, porque esta semana recibí varios mensajes de algunos integrantes de mi comunidad y me decían: "Ema, yo veo que todos ganan en tus sesiones y yo no. No sé todavía meter una operación", me decían. "Es que yo todavía no". Y te digo que cuando veas que los demás ganen, apláudeles con sinceridad.

Imagínate qué pasaría y no es presunción, si yo les dijera: "A ver, vamos a compararnos todos con Ema". Yo les digo cuánto gané en mi semana en las cuentas que opero contra cuánto operaste tú, vas a sentir que esto es imposible. Porque vas a decir: "No, para que yo llegue a esas cantidades es imposible". No te compares conmigo, ni te compares con el de al lado, solo con ustedes.

En una sesión con mi comunidad una gran mujer lloró y dijo gané y ¿sabes qué ella con eso que ganó fue mejor que ella misma en comparación a la del día anterior?. Porque un día antes esa misma mujer había ganado menos y esto es lo que verdaderamente importa.

Entonces, el éxito es eso: tú ganar o, en este caso, crecer más de lo que estabas ayer. Si hoy caminaste un paso, mañana das dos pasos, y eso es lo que importa. Y no quiero decir con esto que sus cuentas siempre tienen que ser "Oh, gané un dólar y mañana tengo que ganar dos y pasado mañana tres". No hagan esas tonterías, por supuesto que no. Lo que yo estoy diciendo es que sean mejores que ustedes en cuanto a la toma de decisiones. Y por favor, la única persona a la que deben superar es a ustedes mismos. A ver, si tú te levantas todos los días a las 5 de la mañana, supérate a ti mismo. Todos los días, gánale al despertador. No le ganes a Ema, no le preguntes a Ema a qué hora se levanta él. Levántate tú a la hora que tú dispongas y cumple con tu palabra. Se impecable con tu palabra.

Bueno, para triunfar en el trading no se necesita capital económico. Ya sé que suena rudo, pero así es, se los dice alguien que solamente tenía 25 a la semana. Para triunfar en el trading se necesita capital emocional. Me pueden criticar un montón por lo que estoy diciendo, pero se los dice alguien cuyo papá ganaba muy poco al día, y que sabe lo que es no tener un peso en la bolsa. Entonces, el dinero no importa, eso no importa. El dinero va a llegar cuando cambies tu mentalidad, entiendas que tu mentalidad es más fuerte que cualquier persona.

Vi un meme que me dio mucha risa, decía: "Quisiera saber cómo puedo bajar todos los dólares que tengo en mi mente a mi cuenta bancaria". Y les digo algo, eso es real y eso es posible. Eso se puede, claro que se puede y depende de ti 100%. Un día yo me hice esto que te voy a enseñar y te estoy compartiendo mi vida. Y perdón por quitarte mucho tiempo, pero para mí es importante que lo entiendas.

Cuando yo no tenía nada, hice un cheque del universo y lo tengo conmigo todos los días. Seguramente lo has visto en redes sociales y lo pueden descargar gratis, está en línea. Te invito a que este fin de semana, hagas tu cheque del universo, colocale fecha, cantidad y créelo con todo tu corazón. Porque esto yo lo hice posible, yo lo logré, y tú lo puedes lograr, pero depende de ti.

Triunfar Contra Todo Pronóstico

Todos conocen a Jim Carrey, el actor de la máscara. Él dice que cuando él no tenía nada, hizo un cheque donde escribió que iba a ganar 5 millones por una película en cierto año. Es bien importante que tú declares y digas cuándo lo vas a hacer. El cómo no importa. Estás en el lugar correcto, te lo prometo, pero ten paciencia y trabaja por esas metas. Te prometo, lo vas a lograr. Pero lleva siempre ese capital en la menta, con el capital emocional, ese es el que importa. A mí no me importa que tu cuenta sea de x cantidad de dinero, eso me da igual. Yo lo único que quiero es que tu capital mental sea lo suficientemente grande. Y no pienses en lo que te falta, porque siempre te va a faltar algo.

Por ejemplo, el que tiene un Audi dice que le falta el BMW. No, lo que tiene el BMW dice es que me falta el Mercedes. El que tiene el Mercedes dice me falta el Ferrari. El que tiene el Ferrari me falta el Lamborghini. El que tiene Lamborghini me falta el helicóptero. El que tiene el helicóptero es que me falta el avión. No pienses en lo que les falta, piensa en lo que harás. No pienses en lo que falta, lo que falta qué importa. De todos modos, si no lo tienes, no pienses en lo que falta.

Necesito que entiendas esto, por favor, en el trading a veces no se toman acciones. Analizas más que las acciones que tomas. Es decir, esta frase me la enseñó alguien que decía: "mucho análisis genera parálisis". Y es que esa frase es muy cierta. No analices tanto, tienes que tomar decisiones. ¡Qué más da! No pienses en lo que te falta para ser un buen Trader. Empieza a tomar decisiones, a caerte, a tropezar. Porque si no empiezas hoy, no sé cuándo lo vas a hacer. Pero piensa en lo que vas a hacer.

Y entonces, aquí es donde empieza la importancia de nuestras decisiones y cómo ellas cambian toda nuestra vida. Si te rindes hoy, es horrible. Y suena con mucho ego, pero si decides rendirte hoy, no vas a llegar a ser como yo en 5 años. En serio, suena muy feo y no quiero que lo veas como egocentrismo de mi parte. No estoy diciendo que soy el mejor, tengo muchos errores. Pero si aspiras a ser un Trader como yo lo soy, los que me han dicho que quieren que yo sea su mentor, tu mentor no se rindió hace 5 años. La diferencia entre tu y yo es que yo no me rendí en esos 7 años. Es la única diferencia.

¿Has escuchado la historia de la liebre y la tortuga?. Bueno, pues es exactamente igual. Hay muchos que son mejores que yo, pero la diferencia es que uno no se rindió y los demás se rindieron. Anota esto, por favor, y espero lo tengas en tu bitácora de trading y todos los días lo repitas. La bautizó hoy como la oración del Trader:

"Porque soy el más inteligente, voy a ganar, no por ser el más rápido, ganaré porque estoy dispuesto a enfrentar cualquier obstáculo que se me presente en el camino para llegar a mi rentabilidad".

Y al final del día, no importan los pips ni los profits. Lo que importa es la experiencia que ganaste hoy. Quién habló de ganar dinero, nadie. Hablamos de ganar, experiencia, conocimiento, y muchas muchas cosas. Y si algo he aprendido de la vida, es que no importa el dinero que tienes en tu cuenta bancaria, importa cuánto conocimiento estás ganando día a día.

Miedo, ¿quién dijo miedo? ¿Qué es el miedo? ¿Por qué te va a dar miedo operar en el trading? A ver, ¿por qué no saltan de un avión? ¿porque se sienten más seguros sin saltar? Yo, por ejemplo, cuando voy en el avión, yo volteo para abajo y digo "ni madres que me aviento", ¿verdad? ¿Por qué? Porque me siento seguro en mi zona de confort. Porque digo, "aquí estoy seguro, si no me aviento no me pasa nada", porque tengo miedo a morir y la mayoría de la gente lo tiene.

Y una vez, estuve en una sesión privada con una persona y él me preguntaba que porqué le tenía miedo a la muerte, él habla mucho de eso, y dice: "¿Por qué le tienes miedo a la muerte si te vas a morir?" Y la realidad es que sí, nos vamos a morir todos. Él me dijo algo, todo el mundo dice "yo quiero irme al cielo", pero cuando le preguntas a la gente "¿quién se quiere ir al cielo?", todos levantan la mano, todos se quieren ir al cielo. Y cuando les preguntas "¿y quién se quiere morir?", nadie. Entonces, si alguien quiere ir al cielo, se tiene que morir. Si no, no pueden llegar al cielo, ¿no?

Entonces, la realidad es que muchas veces nuestro miedo, es solamente zona de confort. No tengan miedo. Quiero que lo intenten. El miedo viene del sistema educativo, viene de algo que yo quisiera que todos entiendan, y es que primero tenemos que aprender a desaprender el modelo educativo anterior que nos habían enseñado. Y entonces, a partir de aquí, chicos, empezar a aprender nuestra nueva forma de vida.

Alguien me preguntó: "Ema, ¿y si no tengo nada de experiencia en el trading, me aceptas en la academia?". Mejor es más, yo prefiero a alguien que no tiene experiencia contra alguien que sí tiene experiencia. ¿Sabes por qué? Porque el que no tiene experiencia no viene dañado, no trae malas culturas, ni malas costumbres. Va a permitirme enseñarle lo que realmente funciona. El que triunfa en el trading es aquel que se atreve a cometer múltiples errores todos los días. Que no te importe los errores que cometas. Yo cometo errores todos los días y es porque soy humano y también me equivoco. Te contaré una experiencia que tuve en Bogotá, yo me equivoqué. Creí que el precio iba a subir con fuerza y, al contrario, bajó. ¿Y qué hice? Decirles a todos inmediatamente: "cierren". Cerraron y les dije: "vendan". Vendieron y ganamos. Los que me creyeron, ganaron. Hace dos días me pasó exactamente lo mismo. Yo creía que el precio iba a bajar, pero en cuanto veo que el precio va a subir, tengo que decirlo, porque yo lo estoy viendo. Porque esa habilidad, ese don que Dios me dio para ver cuando el mercado va a cambiar drásticamente de dirección, yo lo tenía que decir y lo dije.

Y a veces creemos que cometer errores es malo, pero yo agradezco cometer esos errores y cuando lo hago me doy cuenta de que estoy a tiempo para cambiarlos. Por eso rápido dije : "cierren". Y el que no cerró y se quedó con la operación negativa, por supuesto que perdió. Pero aquí es donde viene la parte de la mentalidad. Tu mentalidad de trading es: no importa cerrar negativo, así sean $2000, $5000, $10,000, no importa. Se cierra en negativo porque él está diciendo que va a subir y yo creo que va a subir. Y el precio subió mucho, más allá de lo que todos se imaginaban. Y la realidad es que cometer errores es normal.

El último error que cometí fue hace dos días, y con esto quiero decirte que Ema, el mentor, el maestro, también se equivoca. No le tengas miedo a equivocarte, todo mundo se puede equivocar.

Quiero que pienses en ti. Quienes me conocen, saben que me encanta el fútbol, me fascina y siempre lo digo y lo seguiré diciendo. Hablaré de Messi. Messi es un argentino que luchó siempre por su estatura contra todos los pronósticos. Y desde muy pequeño, él dijo que iba a ser campeón del mundo. Y cuando fue creciendo, lo fichó el Barcelona y se fue al Barca a jugar. El hizo una carrera impresionante en el Barcelona, jugó con los mejores, Ronaldinho, Carlos Puyol, en aquel entonces el Barcelona ganador, que nos hizo vibrar muchas veces, ahí estuvo él Era un niño y le decían la pulga Messi.

Ese niño con sueños e ilusiones, empezó a crecer y cuando se le presentó la oportunidad de cumplir su sueño que era ganar un mundial, perdieron la final y varias finales consecutivas. Messi llegó muchas veces a las finales y sabes qué dijo: "renuncio a la selección". Y así lo hizo, pueden buscarlo en redes sociales, Messi anunció su retiro de la selección. Pero ¿qué hubiera pasado si Messi de verdad se hubiera retirado? No habría sido campeón en este último mundial. Pero qué pasó, viene Messi y dice: "No importa, voy a regresar a la selección porque tengo un sueño y mi sueño es darle la copa a mi país". Y Argentina, con Leo Messi, se convirtió en campeona del mundo en el último mundial, con ese niño, con esa pulga que había dicho "me retiro".

Piensa en la historia de Messi, y tu eres Messi en el trading. Y es que Messi también pensó en rendirse y retirarse de la selección. El dijo: "Renuncio a la selección". Y estoy seguro que muchas veces en su vida lo hicieron sentir mal por su estatura. y decir: "Renuncio al fútbol". Pero él no se rindió y por eso hoy es Leonel Messi, uno de los mejores jugadores en la historia del mundo. Y yo sé que tu y yo, que somos simples seres humanos carnales, vamos a ser los mejores traders del mundo. Lo vamos a lograr y un día, voy a estar contando tu historia.

Te quiero contar de otra persona, Mark Hughes, en una entrevista él dijo que iba a llenar un estadio de fútbol y que ese día, tenía que colocar sus manos en la frente para buscar a sus amigos, ya que será muy difícil ubicarlos entre toda la multitud. Mark Hughes, ese joven, logró hacer la compañía más grande en la historia del mundo que se llamó Herbalife, fundador, pionero que logró llenar estadios y hacer cosas gigantes.

Por favor, no renuncies a tus sueños. Si yo me hubiera rendido ese día que quemé esa cuenta de $50,000, mi compañía no existiría, tal vez hoy no tendrías este libro en tus manos. Para mí, habría sido quizá otra vida, pero hoy me siento feliz y agradecido con mi Dios de que me dio el valor de levantarme cuando perdí, para que yo pudiera ayudar a muchísimas personas. Y por eso te digo hoy querido lector, amigo, tu eres la respuesta a las oraciones de mucha gente que te necesita y que nos necesita. Por eso es que quiero que a partir de hoy tomes con verdadera responsabilidad tu trading y tus objetivos.

Capítulo 4

Tipos de Traders

Este capítulo lo he preparado con todo el cariño para ti, quiero compartirte una experiencia personal que tuve recientemente. A pesar de que usualmente no operamos los viernes, sentí que había una buena oportunidad en el mercado y decidí enviar una señal para aquellos que quisieran practicar en una cuenta demo. Desafortunadamente, la operación no salió como esperaba, y la noticia me fue adversa, resultando en un stop loss.

Como trader, reconozco que me equivoqué esta mañana. Aunque fue solo una práctica en demo y es viernes, es importante para mí admitir públicamente esta pérdida. Quiero que sepas que yo también participo en mis propias señales y entiendo cómo se siente cuando una operación llega a stop loss.

Pero más allá de la pérdida, creo firmemente que hay una lección valiosa en cada experiencia, y esta mañana no ha sido la excepción. Dios nos enseña de muchas maneras, y hoy ha elegido esta. Para profundizar en esta idea, me gustaría contarte una historia que siempre me ha inspirado: la historia de la piedra. Esta narración nos enseña sobre la resiliencia y la capacidad de superar obstáculos, algo esencial en el mundo del trading y en la vida misma.

Se trata de una fábula que dice: el distraído tropezó con ella, el violento la utilizó como proyectil, el emprendedor construyó con ella, el campesino cansado la utilizó como un asiento. Por ejemplo, los niños la utilizaron como un juguete. David mató a Goliat con una piedra. Y en todos los casos era una piedra. La diferencia es lo que hicieron los distraídos, los violentos, los emprendedores, los campesinos o los niños. Pero en todos los casos fue una piedra.

Lo que rescatamos de esta historia es que realmente no hay una piedra en nuestro camino que nosotros no podamos aprovechar a nuestro favor. Y hoy quisiera que pienses en tus problemas, en los retos que has tenido esta semana. Les conté el mío y es que hoy me tocó stop loss en mi operación.

Y cuando tenemos retos en la vida, obviamente pues no se siente bien. Pero la diferencia entre el exitoso y el no exitoso podría ser, y lo hablo como un Trader y lo quiero decir así, directo, es cómo asumes tus pérdidas y qué responsabilidad tomas cuando pierdes una operación. ¿De sentirme miserable por haber perdido? No, porque creo que en el trading se gana y se pierde todos los días. Por lo tanto, me siento agradecido con Dios por lo que hoy me enseñó y por la lección aprendida.

Mentalidad de Trader

En este capítulo, quiero compartir contigo una lección importante sobre la mentalidad de un Trader, una lección que aprendí de una experiencia reciente. Personalmente, hoy cometí un error en una operación. Fue un error grave, derivado de mi intención de ayudar a mi comunidad de traders. En mi afán por asistir, rompí una de mis propias reglas: no operar los viernes. A pesar de que siempre predico que los viernes no se opera, hoy debo admitir ante todos que violé mi plan de trading. Por querer ayudar y creyendo que era un buen momento para comprar, no se dio, se perdió. Lo asumo, lo acepto y soy la primera persona en reconocer sus errores. Hoy violé mi plan de trading y creo que es importante asumirlo, lo hago con mucho amor. Por eso, quiero hablarles sobre este tema.

Anteriormente tenía planeado hablar sobre la importancia del plan de trading y con lo acontecido el día de hoy, entiendo que Dios, en su infinito amor, permitió que esto pasara justo hace unos minutos. Fue precisamente para que pudiéramos poner en práctica este mensaje: las emociones y la responsabilidad en tu trading. Quiero darte un ejemplo para ilustrar esto.

Imagina un automóvil, un Mercedes Benz. Llegas a la agencia automotriz, te acercas al vendedor y cerca a él está el Mercedes, parado frente a ti. Su color es negro, se ve hermoso, huele divino con ese olor característico de carro nuevo. Te subes al coche, y todo parece perfecto. Pero cuando arrancas, te das cuenta de que el Mercedes Benz tiene una llanta dañada, lo que impide que el carro se mueva. El coche es hermoso, pero esa llanta dañada no le permite avanzar.

¿Cuántas veces en el trading, has sentido que tus análisis son correctos? ¿Cuántas veces has pensado "marqué bien mi entrada y se dio", pero no te atreviste a seguir adelante, cerraste temprano o te dio miedo? ¿Cuántas veces te has sentido como ese automóvil Mercedes Benz? Tú vales mucho, eres mejor que un Mercedes Benz, pero cada quien decide si quiere ser un BMW, un Audi, un Mercedes. Yo me considero un Mercedes. ¿Y tú? No sé qué serás tú, pero te invito a convertirte en un Ferrari. Imagina, ¿qué tipo de coche quieres ser? ¿Cómo una mentalidad, en este caso representada por la llanta dañada, puede cambiar totalmente el curso de tu viaje? ¿De qué te sirve ser un Mercedes o un Ferrari si tienes una llanta dañada que no te permite avanzar? Piénsalo. ¿Cómo te sentirías siendo ese Ferrari o ese Mercedes, pero con algo que te impide avanzar?

A continuación te presento una lección donde te mostraré cómo las emociones en el trading pueden ser como una llanta dañada en tu Mercedes Benz.

Mercedes Benz vs Trader

Existe una relación entre esto y espero que comprendas hacia dónde quiero llegar. Hay una relación uno a uno entre lo que tú aceptas sobre ti mismo y lo que experimentas en tus operaciones. Cuando traes problemas, de pronto quieres solucionar tu vida, tus problemas con un Trade, con una operación. Y es ahí donde le metes el todo en una operación, porque de pronto piensas que con eso solucionas tu vida económica.

Entonces, entiende esta regla de trading: existe una relación que va uno a uno entre cómo te sientes, lo que aceptas sobre ti mismo y lo que pasa en el Trade. Cuando una persona sobre sí misma comienza a aceptar cosas negativas. Cuando digo cosas negativas no tiene nada que ver, por ejemplo, con que hoy te tocó un stop loss, eso no es negativo. Y depende si entiendes y cómo aceptas eso que te acaba de pasar.

En mi caso, me tocó stop loss y dije: "Dios, en tus manos estamos, así que por algo pasó de esta forma". Y al final yo me siento tranquilo y por eso lo expresé así al inicio de esta reunión. Y tú, ¿cómo reaccionas ante tus problemas?

Recientemente pasó algo bien bonito porque pasaron algunas cosas y yo ante esas situaciones parecía un loco, riéndome de todo lo que estaba pasando a mi alrededor. La reacción fue porque entendí que existe una relación uno a uno entre cómo te sientes, cómo estás operando y cómo estás actuando en tus operaciones. Cuando tú estás anímicamente bien, eres un Trader ganador. No quiero decir con esto que todos tus trades se van a dar. Al decir "Trader ganador", me refiero a que tienes la visión correcta.

A continuación voy a darte una fórmula que escribí para ti y con la cual creo que es la idónea para hacer un análisis correcto de trading. Sin embargo, quiero que entiendas que la relación uno a uno está totalmente relacionada entre cómo te sientes, lo que aceptas de ti mismo y cómo actúas en tus operaciones. ¿Qué aceptas de ti? ¿Qué dices sobre ti? Una pérdida que tuve hoy no me define como Trader, puedo hablarles de ello.

En un evento que tuve en la ciudad Cali, en Colombia, yo preguntaba: "¿Quién tiene más tiempo aquí?" y levantaron la mano varias personas. Alguien respondió que tenía seis meses con mi comunidad y de ese tiempo, le pregunté: "¿Cuántas veces me han visto perder?" "Tres", fue la respuesta. "Cuatro". Bueno, pues hoy ya son cinco. Pero, en seis meses, entonces una pérdida que tuve hoy no me define como un mal Trader, ni me define como persona. Ni quiere decir que soy una basura, o un miserable, eso no tiene nada que ver.

Entonces, yo no acepto ese tipo de pensamientos negativos en mi mente. Yo los bloqueo y no permito que entren porque yo soy un Trader rentable y ganador. Y quiero que entiendan esto porque muchas personas me han dicho: "Ema, perdí en mi trading" y en los próximos días les da pavor volver a entrar en una operación. Cuando traes flotante te da miedo volver a entrar a una operación. ¿Por qué te da miedo? Porque acabas de perder.

Entonces, quiero que sepas que pasa: no aceptes ese tipo de mentalidades como traders. Ignoren esas mentalidades. Ustedes no son traders miserables, ustedes no son traders perdedores. El hecho de tocar un stop loss no te define como Trader. Lo primero que quiero que entiendas es que perder no te define como Trader; perder es normal, totalmente normal. Y lo dice alguien que acaba de tocar un stop hace una hora. No acepto en mi cabeza los tipos de cosas negativas. Entonces pienso que es por algo o para algo y aprendo de ello.

Emociones positivas

¿Cuáles son las emociones positivas que sí debes aceptar en tu cabeza? el amor, la felicidad, la libertad, el gozo, la vitalidad, la energía. Hoy me siento feliz porque estoy en libertad y te voy a hablar de libertad y cuando tú entiendes todo esto entras en una emoción de gozo, de vitalidad, de energía ¿Entonces qué pasa si tu vida se empieza a potencializar? empiezas a llevar tu vida al siguiente nivel y yo quiero que entiendas que como Trader tu mente solamente debería aceptar emociones positivas, no quiere decir que no va a haber días malos, los va a ver.

Hoy no fue mi mejor día, sin embargo, no acepto las emociones negativas en mi vida acepto las emociones positivas y hoy quiero invitarles a todos ustedes a que anoten estas emociones positivas y que entiendan cómo los llevan a ser mejores traders.

Hay una frase de Brian Tracy, a quien considero un crack. Es más, me atrevo a decir que todos en alguna ocasión han escuchado un mensaje de él, a lo mejor de una manera secundaria. Brian Tracy en su seminario Fenix (1990), como aporte personal tiene una frase que dice: "la libertad es el requisito indispensable para la felicidad". La pregunta aquí es: ¿qué tipo de Trader eres tú? Te hago la pregunta y, por favor, contesta con la sinceridad de tu corazón: Piénsalo, ¿soy un Trader libre o soy un Trader mentalmente encarcelado? Y te voy a decir "encarcelado" en qué: encarcelado en la frustración, en el tema del miedo, en el tema de todos los temores que involucran el no atreverte a tomar una decisión. Y cuando tú ves que el análisis que hiciste te se dio, decir "si lo hubiera tomado, se me hubiera dado". Entonces, te vas dando cuenta que no eres libre totalmente.

Brian Tracy dice que ser una persona libre te ayuda a ser completamente pleno. Te quiero poner un ejemplo de mi vida y lo hago sin fines egocéntricos, sin orgullo y sin manera de presunción. Decirte algo, me siento libre porque soy

121

libre. Libre de estar en cualquier ciudad del mundo, al tener un computador y poder trabajar desde en una ciudad diferente todos los días. Y te digo algo mi querido lector, se siente rico y te deseo esta sensación de riqueza y te prometo que lo vas a lograr y tendrás la libertad añorada. Pero sabes cuándo lo vas a alcanzar: cuando tengas la mentalidad de libertad; así de simple, eso lo dice Brian Tracy.

Yo tengo un principio para ser un buen Trader y debemos conocerlo y aplicarlo. Es la responsabilidad. Un buen Trader debe ser responsable de lo que dice, de lo que hace y de sus operaciones. Los que me vieron esta semana, de pronto nos íbamos de parranda, sí, pero era responsable para levantarme a operar todos los días a las 5 de la mañana porque soy responsable, recuerden esta frase y anótala: un buen Trader hace lo que tiene que hacer cuando lo tiene que hacer, aunque no lo quiera hacer. Lo voy a repetir: un buen Trader hace lo que tiene que hacer cuando lo tiene que hacer, aunque no lo quiera hacer. Y eso es lo que tú tienes que hacer.

Entender que la responsabilidad es la base de tu buen trading; ejemplo si hoy no fui responsable en mi caso hablando en el hecho de no respetar mi plan de trading y lo digo yo porque soy el profe, imagínate que ahí yo les permito a todos que digan que si el profe se equivocó y pecó pues que yo también puedo pecar, entonces siéntanse con esa tranquilidad de que aunque soy un Trader rentable y ganador el día de hoy me tocó un stop loss y lo digo con mucho gusto porque hay que ser responsables dentro del trading.

El amor del Trader

El amor juega un papel fundamental en nuestra vida de traders. Es el amor con el cual tomamos la responsabilidad de nuestras operaciones, el amor con el cual entendemos que estamos construyendo algo importante.

Les quiero contar otra historia, y esta historia es de tres hombres que estaban en una ciudad en la antigüedad, trabajando con un martillo y un pico. Había piedras y ellos estaban ahí, trabajando. Llegaron algunas personas y le preguntaron al primer hombre, "¿Qué estás haciendo?" El hombre respondió, "Pues aquí trabajando porque tengo que trabajar. Si no trabajo, a mi familia no le llega el alimento".

Después se acercan al segundo hombre y le preguntan, "¿Qué estás haciendo?" El hombre dice, "Tengo que cumplir un horario de trabajo y por eso estoy aquí picando piedra porque este es mi trabajo". Entonces llegan con el tercer hombre y le preguntan, "¿Qué estás haciendo?" "Yo estoy construyendo un templo". Se dieron cuenta de la diferencia entre estos tres hombres. Los tres tenían un pico y un martillo en la mano. La diferencia es que uno lo estaba haciendo por dinero, el segundo lo estaba haciendo por pasar el tiempo, y el tercero lo estaba haciendo por una misión y una visión, el amor. Estoy seguro que ese hombre entendía que el construir un templo era un legado para las futuras generaciones.

¿Se han puesto alguna vez a pensar en las manos que construyeron las pirámides de Egipto?. Es que, a ver, cuándo entiendes esto, empiezas a pensar que eran vidas humanas, que sentían y que estaban ahí por un sentimiento. Les cuento esto porque el convertirte en un buen Trader tiene todo que ver con el amor que tú tienes para tomar tus sabias decisiones. La responsabilidad es el número uno. La segunda es el amor con el que tú lo haces.

Así es que ahora, mi querido trader, a partir de hoy, quiero que por favor, en tu bitácora de trading anotes por qué estás haciendo trading. Que entiendas qué tipo de Trader eres en base a los tres tipos de hombres que mencione. Lo estás haciendo por dinero, lo estás haciendo por pasar el tiempo o lo estás haciendo por una misión que nace desde el amor.

Y te repito, ¿por qué vas a hacer trading? Piénsalo e imagínate que estamos sentados frente a frente. Quiero verte a los ojos y que tu veas los mios, reflexiona y contéstate a ti mismo. ¿Por qué estás haciendo trading? Lo haces por ganar dinero, por pasar el tiempo o por una misión. ¿Cuál es tu misión? ¿Cuál es tu visión? ¿Cuál es tu legado?

Mi legado es construir un futuro para mis hijas económicamente hablando, pero también mi misión y visión es dejar un legado en el mundo y que el día que yo falte terrenalmente la gente diga: Ema construyó esta familia, esta comunidad y lo hizo con mucho amor, con el corazón y sin esperar nada a cambio, solo dejar huella positiva en la gente y el mundo.

El día de ayer tuve la oportunidad de hablar con alguien a quien le decía que todos en algún momento vamos a morir y cuando entiendes que esto puede suceder, entonces dejas de tomarle tanto sentido a la vida, me refiero a las tristezas, ridiculeces, problemas y un montón de cosas y le seguía diciendo; de todos modos nos vamos a morir y es mejor es hacer las cosas bien con el corazón, con una misión, una visión y dejar un legado, entonces ahora te pregunto a ti lector ¿cuál es tu misión? ¿Qué legado vas a dejar? ¿lo haces por dinero, por pasar el tiempo o por que?

Entonces, quiero que en tu bitácora de trading escribas tu respuesta e imaginando que estamos juntos, mirándote a los ojos, prometas que hoy lo harás. Tu misión, son tus hijos, tu familia, tus papás, créeme que se siente lindo cuando le cumples el sueño a tu mamá, a tu papá, a tus hijos, que se merecen ir a Disneyland, pasarla bien, sentir amor y disfrutar..

Debes entender cuál es tu visión y misión. No operes como un borrego siguiendo a alguien. Esa visión es convertirte en una mejor persona. Tú que estás leyendo este libro, estoy seguro que eres mejor que todos los demás que nunca lo leerán. Cuando entiendas tu misión, vas a trazar el plan de acción. Un amigo una vez me dijo, "Las personas se han burlado de mí porque quiero ser un Trader rentable. Pero sabes qué, Ema, lo voy a lograr". Y saben qué va a pasar con este amigo. Lo va a lograr simplemente porque él la tiene clara en su mente, porque él, de los tres hombres con un pico y con un martillo, él es el tercero, el que entiende que está construyendo un templo, el problema de la gente que no entiende el trading, no asume un stop loss, no sabe perder, es que no tiene clara su visión.

Cuando una persona pierde, la mayoría se pone triste porque lo está haciendo por dinero, por eso se pone triste, por ser como el primer y segundo hombre. Entonces dice, "Perdí, soy el peor Trader del mundo, no sirvo para nada, quemé mi cuenta". O si me sigues a mí o a cualquier trader de éxito y pierdes una operación de él, lloras y lo culpas de que es el peor trader del mundo. Ese es el primer hombre del cuento, porque ese hombre está aquí por dinero y por eso lloró y se va llorando por dinero. Cuando alguien venga a ti y se queje porque perdió, díle, "Usted es el Trader número uno del ejemplo, usted está aquí por dinero, por eso llora por dinero". En serio, entonces a partir de ahora, cuando entiendes tu visión, no lloras por dinero.

Te diré de cuánto fue mi stop loss esta mañana. Imagínate mi cuenta, qué más da. Cuatro días ganando y un día perdiendo, no pasa nada. Entiendes que tu visión no es el dinero. Y quizá dirás, "Es que tú tienes mucho". Pero para llegar a tener mucho, tuve que entender qué tipo de Trader era y tuve que entender que era un Trader con misión y visión.

Ser como un pajarito

Cuando haces las cosas con amor y responsabilidad, te encaminas hacia una libertad comparable a la de un pajarito. ¿Quién no quisiera ser como un pajarito? Él se preocupa por la comida, tal como lo menciona la Biblia: "Sed como las aves del cielo que no siembran, ni siegan, ni recogen en graneros, y sin embargo, vuestro Padre celestial las alimenta". El pajarito vuela libre por el mundo, sabiendo que en cualquier momento encontrará la comida necesaria. Sabe que conseguirá el alimento y se lo llevará a sus pequeños. Eso es lo que hace un pajarito, actuando no por dinero, sino movido por su libertad. Y esa libertad de volar libremente por el mundo le permite al pajarito conseguir lo necesario para su familia. La libertad, ese principio esencial, es lo que hace sentir bien.

¿Cuál es la misión de un pajarito cuando sale de su nido? La misión de él no es conseguir dinero. No lo hace por dinero, el pajarito lo hace porque es libre. Y la libertad que tiene de volar por todo el mundo le permite al pajarito venir y conseguir alimento para sus familias. La libertad es el principio esencial. Y les digo algo, se siente bien.

Quiero que todos algún día experimenten esta sensación de libertad, de poder viajar por todo el mundo y saber que no importa el lugar en el que estés, eres libre financieramente y eres libre de tiempo. Imagínense que me llama una amiga y me dice "Ema, vámonos a Dubai", simplemente porque eres libre de tiempo. Imagínate qué dirías si no puedes ir porque no tienes ni tiempo ni dinero. Imagínate qué pereza de amigos así. Si ustedes tienen un amigo que dice "no tengo tiempo ni dinero", bueno, pues esos amigos necesitan ser traders. Así es que ahí tienen una excelente área de oportunidad.

Y les digo algo, el trading te permite lograrlo. Pero ¿sabes cuándo llega esa libertad? Después de la responsabilidad y del amor, solamente así va a llegar. Entonces anota los tres tipos de hombres que estaban construyendo y cuál de los tres eres tú. Y cuando tengas clara tu visión, escríbelo en una hoja y ponlo en un papel en donde lo puedas ver constantemente y sepas cuál es mi misión como Trader. "Mi misión es impactar". ¿A quién vas a impactar? A muchas personas. ¿A cuántas? A un billón de personas, perfecto. ¿Y cuál es tu plan de acción? "No, pues mi plan de acción es este". Entonces todos los días vas a trabajar por cumplir ese plan de acción.

Negatividad: Estar muerto en vida

La irresponsabilidad nos hace perder el control y sabes ¿por qué? porque vienen las emociones negativas como resultado de una acción cometida.

Recuerda que cuando todo parece ir en tu contra solo tienes una opción, te levantas o te levantas. Imagínate las luces del árbol de navidad y piensa que todas ellas están conectadas por una serie, una serie de ira, enojo, envidias, egoísmo y quieres acabar con todo eso, simplemente desconectas la primera luz y listo y cuando desconectas la primera se apagan todas las luces, porque todas estaban conectadas entre sí y cuando desconectas una desconectas todas.

Tu mente no puede pensar al mismo tiempo en dos cosas, está comprobado científicamente, aunque tú digas que no, Brian Tracy tiene un documento legal avalado por la universidad de Harvard donde dice que ningún ser humano en el planeta puede pensar y concentrarse al mismo tiempo en dos cosas iguales. Si en este momento te llaman y te dicen que tu casa se está incendiando, te lo juro que avientas mi libro y sales corriendo olvidando todo lo que leíste y ¿por qué sucede esto? porque tu mente no tiene la capacidad de enfocarse al mismo tiempo en dos cosas diferentes, no se puede, es imposible. Entonces tú tienes que entender y aprender a reconocer la ira, el enojo, las envidias, el egoísmo para que no te haga perder el control.

Soy un ser humano igual que tú, la ira, el enojo, las envidias y el egoísmo también me hace perder el control, pero estoy trabajando en que eso no afecte mi mentalidad y obviamente es difícil, es complicado cuando estás ante 1000, 2000 o 10.000 personas, pero sabes que lo tienes que hacer con responsabilidad. Brian Tracy dijo: Todos los males físicos son diferentes, pero la enfermedad mental es la misma enfermedad solo cambia el grado de irresponsabilidad.

Brian Tracy en su documento avalado por la universidad de Harvard refiere como la mente es la principal consecuencia buena y mala de las decisiones que tomas y entonces aplicado al trading dice Brian Tracy, todos los males físicos son diferentes pero la enfermedad mental es la misma; ¿a qué le llamamos enfermedad mental? Cuando decimos que una persona es negativa podemos afirmar que la persona está enferma mentalmente contra una persona positiva que está totalmente sana. Ahora imagínate y esto lo dice Brian Tracy, que cuando tú tienes una mentalidad negativa literalmente eres un enfermo mental.

Vuelvo a repetir que soy humano, cometo muchos errores, también me enojo, pero busco constantemente mejoras y te comparto algo que hago siempre que voy a hacer trading, antes de entrar yo en acción comienzo a elevar mi energía, la realidad es que es energía positiva que estás creando para bien.

Conciencia en el Trading

Existe una responsabilidad total en cuanto a lo que tú aceptas para los resultados de tus operaciones. Vamos a pensar en una operativa de bajo riesgo. Imagínate ¿qué necesitas para que tu operativa realmente sea de bajo riesgo?. Necesitas, número uno, la felicidad, que aporta un 20% de la preparación que necesitas para operar. Número dos, la tranquilidad que sería otro 20%, la paz que te aporta un 10% y el último que es el análisis que recopila el 50% restante. No vamos a ser como un payaso que piensa que solo con alegría se va a hacer trading y va a generar millones de dólares en profits. Claro que no, el análisis y el estudio también importan. Empecé a escribir en mi bitácora de trading cómo me va cuando opero feliz, tranquilo, en paz, con un buen análisis, con libertad y con estudio. He llegado a la conclusión y mi comunidad ha notado, que cuando opero de esta manera mis resultados son superiores a cuando he pasado por momentos tristes, de estrés o enojo.

Al escribir este libro, he aprendido mucho sobre mí mismo, a ser mejor trader, ser humano y persona. Por eso me estoy metiendo tan de lleno en todos estos temas y antes de operar, estoy cambiando mi actitud. Quien me conoció antes y me vuelva a ver tiempo después podrá notar el cambio. Ese es el objetivo. Quiero mejorar, por lo cual entiendo y asumo mis defectos y quiero ser mejor y los estoy evaluando. Por lo tanto, quiero que entiendan todos esta fórmula para operar mentalmente sano.

Creo que es de seres humanos responsables asumir y aceptar tus errores. Por eso soy el ratón de laboratorio, porque quiero demostrarle al mundo que me ofrezco como el ratón para que, literalmente, conmigo puedan hacer todos los estudios. Si estos estudios van a ayudar a miles de personas, la gente podrá aprender en cabeza ajena cómo las emociones afectan a Ema y cómo las emociones le hicieron ganar. Es increíble.

Gracias a que alumnos de mi comunidad veían mi energía constante y notaban cuando mi energía era positiva o quizá negativa, entendimos que cuando la energía estaba en un ambiente positivo y sano estábamos teniendo mejores resultados. Esto no es un tema que yo me estoy inventando. Es un estudio que se está haciendo para ver lo que realmente hace que las emociones de un trader afecten positiva o negativamente en su vida, económicamente y profesionalmente. Entonces, hasta el día de hoy que todavía no se termina el estudio, entendí lo siguiente. Yo, Ema, y esto es un tema muy personal, cada quien lo puede hacer como quiera, yo les comparto mi fórmula. ¿Qué hago yo para operar?

Lo primero que hago es siempre dar las gracias tres veces. Digo "gracias Dios", "gracias universo", "gracias papá", o "gracias" a lo que tú quieras, por lo que tengas que agradecer, tal vez por la vida, la salud, la energía, por todas las cosas buenas que llegan a nuestra vida.

Número dos: hago mis afirmaciones.

Número tres: meditación. Siempre medito y les digo algo, cuando me ven con energía más bajita, con un sentido del humor diferente, son los días que no tengo oportunidad de meditar. Y no saben lo mal que me siento cuando eso ocurre. Es como si algo me faltara, el alimento espiritual que mi cuerpo necesita.

Número cuatro, cuando entro a analizar el mercado, lo hago con música relajante de fondo. La realidad es que no siempre utilizo música relajante. También utilizó podcasts cuando estoy analizando. Más bien, cuando ya estoy esperando punto de entrada y confirmación, activo la música relajante porque cuando hago mi análisis, me gusta estar en un lugar tranquilo, limpio y sereno. Ojalá puedas hacerlo un hábito en tu vida. Creo que cuando tu casa o tu habitación está hecha un desorden o es un basurero, no hay energía positiva dentro de ti, no existe paz y por ende no estarás cómodo lo que desencadena un análisis diferente, a medias. Te cuento que me gusta analizar en un ambiente tranquilo, donde tengo alrededor pavos reales, patos y animales exóticos, eso me gusta.

Entonces, ¿qué pasa? Puedo tener esa conexión conmigo. Al analizar, siempre cuiden el ambiente, que se sienta energía positiva, tiendan su cama, limpien, la basura a su lugar, todo esto para que las cosas te salgan bien. La música relajante de fondo ayuda un montón a la hora de ejecutar.

¿Qué hacer? Bueno, primero que nada, responsabilidad absoluta. Por ejemplo, un amigo militar que tengo, cuando él dispara su arma, no dispara solo por disparar. Él dispara con responsabilidad. Y una vez que lo hace, es responsable de su disparo. No se arrepiente cuando la bala va a mitad del camino. Cuando él dispara, la bala avanza y él no puede detener la bala porque ya la lanzó. Lo mismo es en el trading. Yo no sé por qué la gente de pronto no entiende que el trading es como una bala, es como un arma. Cuando tú ejecutas la operación, tienes que dejar que se vaya como bala. Como he dicho en las conferencias que he dado, las cuales he titulado "Sin Yolanda", ¿qué digo, chicos? Actuar con responsabilidad absoluta.

¿Qué pasa cuando te toca un stop loss? Siéntete bien y agradece por el aprendizaje. Qué bendición tan grande. Con mi pérdida del día no me preocupo porque tengo gestión de riesgo. Por ejemplo, el martes gané $1,000, el miércoles $1,000, el jueves $1,000 y perdí el viernes $500. Entonces terminé la semana con $2,500 y para nada es malo y no me hace una mala persona. Acuérdense que incluso perdiendo ganamos.

Ahora, ¿qué hacer cuando te toca un take profit? Lo mismo, agradece por tus ganancias, pero no por eso te creas Superman. Tengo estudiantes que incluso en este momento, a lo mejor ya no están entrando a mi comunidad porque de pronto agarra una buena racha y sienten que esa buena racha ya los hace traders expertos y superpoderosos. Y te voy a decir algo, en su momento va a llegar el mercado y te va a dar tu lección y te va a enseñar que debes aprender también a ser humilde y que la rentabilidad no se da de la noche a la mañana. Jamás te creas mejor que los demás por ser trader rentable y mucho menos te quieras aprovechar de ellos. El hecho de que tú seas trader rentable, lo único que te hace es ser responsable de ayudar a los demás. El que más dinero gana, es el que más servicio debería de prestar, porque un día cuando alguien te pregunte ¿cómo le hago para esto? O ¿cómo tener mi cuenta en el bróker? O ¿cómo se hace lo de las cuentas fondeadas? Te digo algo con amor, ayúdale a las personas y retroalimenta como lo hicieron contigo. Y si hoy has entendido el conocimiento y el principio del trading, tu responsabilidad y tu obligación es ayudar a los demás.

Nunca olvides ayudar y recuerda que el éxito se administra con sabiduría y no con egocentrismo. Aunque seas un Trader super rentable y ganador, no debes pensar que no necesitas a nadie, como Ema. De verdad, no lo hagan, porque siempre vas a necesitar dar una mano.

No te sientas mal cuando pierdas, ¿sabes por qué? Porque vas a perder, ya que eres un ser humano. Yo también hoy perdí, y necesito un abrazo, aunque sea a la distancia. Yo también me puedo poner triste. Agradece por las ganancias, agradece por el aprendizaje. Esto es real, es una vida real. Si yo les dijera que todo es perfecto, que esto es Disneyland y que nunca van a perder, sería el más vil mentiroso del mundo, y no lo soy. Tengo que ser honesto con la gente.

Vamos a perder, hoy no es la primera vez, es la quinta en 6 meses. Es decir, en promedio, casi una pérdida por mes, y está bien. Eso no me hace mala persona, solamente me hace ser humano que entiende el Trade y su plan de trading. Analicen sus resultados todos los días. Y no lo digo por vender, se los juro.

No vayan y compren mi bitácora de trading solo porque sí. Pero si no tienes dinero para la bitácora, que cuesta baratísima y la pueden comprar por Amazon, te doy un consejo. Si no tienes dinero para eso, escribe en un papelito lo siguiente que te voy a decir.

Haz una lista, tienes que poner siempre cuánto es tu meta de ganancias, cuánto es tu meta de pérdidas, cuál es el lotaje que vas a utilizar y, mejor aún, tienes que poner qué aprendiste ese día al meter tu operación. Y sabes qué es lo que escribes en mi bitácora de trading: tus sentimientos de cómo te sientes al haber metido esa operación.

Escucha una sola voz

A veces escuchamos demasiadas voces y eso te puede confundir. Hay personas que dicen: "No, Ema, es que vi una estrategia en YouTube", o "No, Ema, es que en la otra academia me enseñaron esto", o "No, Ema, es que me enseñaron que cuando la línea de 200 periodos se cruza con la de 50 periodos y toca un RSI en el nivel 80, pero que también el estocástico está en el nivel 80, en ese momento yo tengo que buscar una venta". Afirman que todas las ventas se dan en esas condiciones, como si no importara que hable Jerome Powell, en ese momento ganas las operaciones. Pero no escuchen demasiadas voces y les voy a decir por qué.

Imagínate que quiero ser un campeón en fútbol y escucho al mismo tiempo a Cristiano Ronaldo, a James Rodríguez de Colombia, y a Ronaldinho. Estoy escuchando a los tres y cada uno tiene un estilo diferente. Ronaldinho, por ejemplo, era un jugador bonito. Entonces, Ronaldinho me dice: "No, Ema, la estrategia es esta". Ronaldinho me enseña su estilo, pero luego Cristiano Ronaldo me enseña otro modelo, y tengo que entender la diferencia entre sus estilos y el de Ronaldinho. Después viene James Rodríguez y dice: "No, la técnica es esta", porque él es buenísimo en tiros libres. Te vas a dar cuenta que escuchar a tres voces diferentes solo te confunde, incluso si son los tres mejores traders del planeta.

Por eso, quiero invitarte a elegir, imitar e igualar a tu mentor. Elige el mentor que tu quieras, puedo ser yo o puede ser otro Trader, no importa quién sea. Lo que importa es que comiences a imitarlo: analiza el mercado como él lo hace, trata de ver lo que él está haciendo y no lo que tú crees que funciona. Chicos, entiendan esta frase: los atajos no siempre te llevan al camino correcto. A veces en el trading decimos: "Si Ema me enseña esto, pero si lo hago de esta forma, creo que puedo ganar más".

Sin embargo, querer cambiar la receta del pastel solo hace que la masa no se infle y que el pastel no salga bien. Entiendan que a veces cambiar un ingrediente de la receta hace que la comida cambie de sabor. Así que, escuchar una sola voz no te va a confundir: respeta esa voz, imitala, iguala a esa voz y te prometo que te vas a convertir en un trader rentable. No busques atajos, porque los atajos a veces lo único que hacen es confundirte un poco más.

Y te quiero invitar a globalizar tu visión como trader antes de tomar una operación. Me gustaría que empieces a analizar si esto te dirige, te acerca o aleja de tu meta financiera. ¿Se acuerdan cuando hablé de los tres hombres?

Siempre, antes de tomar una decisión en el trading, por favor piensa si te acerca o te aleja de la meta financiera que tienes. Si la decisión es tomada por emoción, no es una decisión acertada.

Y te quiero contar algo que pasó en Cali, lo hago sin afán de evidenciar a nadie pero con todo el cariño del mundo. Había dado la señal de entrada en un punto y la señal ya había tocado, creo que hasta Take Profit 2, se fue muy rápido. La gente que estaba conmigo todos habían ganado mucho dinero y obviamente estaban felices. Después, todos juntos al leer el mercado, mientras yo operaba y decía la dirección que el precio estaba dando, dije: "Pero no entren porque hay una noticia". Entonces vi que dos personas se estaban mirando entre sí, ellos ya habían entrado en una operación. Después, cuando terminamos la sesión, me dicen los dos: "Ema, perdimos esta cantidad de dinero por no hacer caso". Fíjense lo que pasó, ya habían tenido un profit positivo en sus cuentas, sin embargo, la emoción, dice una de ellas, le ganó y entró en una operación cuando no debía hacerlo. Así que no entren por emoción.

Recuerdo cuando estaba en Ciudad de México con un amigo. Íbamos en un Uber y, mientras platicábamos, él me dijo: "¿Viste dónde cerró el oro? Cerró súper alto". Y agrega: "Yo ahí metí mi venta con un lotaje pequeño, pero ya metí una venta". En ese momento, yo le dije: "Bro, yo quisiera decirte que va a bajar, pero va a subir". Y ahí es donde entran las emociones. No le dije, pero yo no te puedo decir en este momento para dónde va el mercado porque sería irresponsable y sería actuar por emoción.

Luego le dije: "Mejor esperemos a que abra el mercado el domingo y el domingo te digo". Después llegué el domingo a Cali, me estaban recibiendo ya con una buena fiesta. Ahí me decían: "Ema, entonces, ¿ventas para el oro en este momento o mejor para la apertura?". Y yo les dije: "El oro debería de subir, pero si yo les digo que va a subir lo estaría haciendo por emoción y necesito esperar a que el mercado entre para que me confirme que va a subir".

Después, cuando el mercado abre y se va hasta el cielo, me dicen: "Ema, tenías razón". Luego envía un mensaje en el que me dice: "Tenías razón, el oro se fue hasta las nubes". Y yo no di la entrada jamás porque dar una entrada sería irresponsable y sería actuar por emoción. Y nunca actúes por emociones si quieres ser trader rentable. No tiene nada de malo cometer los errores, vale la pena aceptar y asumir una responsabilidad. Por lo tanto, a partir de hoy, cero emociones al hacer sus tradings.

FODA

Ahora quiero que apliquen un FODA a partir de hoy a su vida y a su trading. En una hoja escribe; soy una Trader rentable y ganador en proceso y lo que va vas a poner es F mis fortalezas en el trading son y vas a poner ahí todas tus fortalezas: soy buena escuchando, soy buena tomando decisiones, soy buena obedeciendo en el tp1 tp2 tp3, soy muy buena viendo mis flotantes, sé leer el mercado, ya sé identificar   liquidity pools, sé identificar Candy Lance y order blocks. Y entonces empiezas a poner todas las fortalezas que tengas y no tengas miedo de colocar las que realmente tienes y no importa si son muchas, colocalas.

Después escribe tus (O) oportunidades, cuáles son tus áreas de oportunidad, ejemplo: tú puedes poner mi área de oportunidad es el order block porque no me ha quedado claro cómo funciona el order entonces vas a poner tu área de oportunidad y obviamente vas a poner una meta, mi área de oportunidad es mejorar mi order block, por lo tanto voy a volver a ver la academia otra vez porque quiero ver si ahora me queda más claro el concepto y como identificarlo, o mi área de oportunidad es la confirmación, todavía no soy muy buena (o) entendiendo las confirmaciones; perfecto tu área de oportunidad entonces es que vas a trazar de manera que entiendas cómo vas a tomar una entrada por confirmación o tal vez mi área de oportunidad es las fundamentales, no es que ese Ema parece brujo y yo no sé cómo lee las noticias todos los días, en ese caso el área de oportunidad es las noticias, sean honestos.

Después D de debilidades que tienes al operar, escribe cuáles son , por ejemplo, hoy fue dejarme llevar por una emoción o porque yo dije que en este punto creo que eso es lo que va a hacer el mercado y por emoción envió una señal y mi operación me tocó stop los, perfecto esa es una debilidad, mi debilidad, de Ema, fue una emoción y qué otra debilidad puede ser, pues no respetamos el plan de trading, entonces ahí lo voy a poner.

Después finalizamos con la A de las amenazas y ¿cuáles pueden ser las amenazas? de pronto tu familia ya que no te entiende o no te sigue, no te cree o te dice que no pierdas el tiempo. Otra amenaza puede ser que te sobre óperas o quizá sobre loteas mucho, entonces piensa en todas las amenazas que tienes como Trader, todas las cosas que que interfieren en que tu éxito sea real; por ejemplo tu mentalidad, no es que a veces las energías o las cosas negativas se meten en mi cabeza y eso son amenazas que llegan a mi vida y todas esas amenazas lo único en que se convertirán es un área de oportunidad donde debes tomar acción.

Haz tu FODA y te prometo que el autoevaluarse te hace mejor persona y te digo algo aplica este foda para todo, para tu familia, tus hijos; ensaya y di, a ver véngase hijo vamos a aplicar un foda en tu vida, cuáles son sus fortalezas y les va a ayudar a ser mejores personas.

Hay un líder que me encanta que dice que cuando el éxito se mide el éxito mejora, el éxito aumenta no puedes mejorar lo que no mides, no puedes ser un ave que anda nada más 100% libre, que no sabe a dónde se dirige, tienes que entender qué es lo que hiciste esta semana para que mejores la próxima semana.

Un nadador mide su tiempo de lado a lado de la piscina, él entiende los tiempos y cada día trata de superar su propio tiempo, así tu s como trader tienes que ver cada semana con tu foda, que estás haciendo bien y que estás haciendo mal y que puedes mejorar y eso te va a convertir en mejor trader y en mejor ser humano.

Haz tu FODA y asume tus errores, yo tengo un montón de debilidades, amenazas, cosas malas igual que todos, pero lo que sí tengo bueno y una de mis fortalezas es que asumo con humildad todos mis errores porque los quiero mejorar y creo que cuando hablas desde la humildad, se siente y se entiende que quieres ser una mejor persona y con todo el corazón te digo deja de victimizarse, deja de decir: no es que Ema se equivocó, no le eches la culpa a Ema, de verdad no seas una víctima, Ema no metió la operación la metiste tú y Ema no se sobre loteo, fuiste tú y nadie más, solamente tú tomaste la decisión, tú sabías los riesgos que implicaba, que no lo quieras ver es otra cosa, que no te quieras acordar es otra cosa, que te hagas tonto es otra cosa, pero tú sabías los riesgos que existían, tú lo conocías.

El pasado pisado ahora piensa en el futuro deja de ser una víctima, ámate mucho y no permitas que nada ni nadie te haga sentir menos, yo me amo con mis errores. Lo que los demás digan de ti no te define, sino lo que tu creas de ti. Lo que recibes, das, si das amor, recibes amor, si das envidias, recibes envidias.

Entiende tu propósito, tu misión. Te voy a platicar el ejemplo de una mujer que cambió mi viaje en Cali Colombia, esta mujer se me acercó en una comida junto con sus hijos y me dijo: Ema quiero que te tomes una foto conmigo y con mis hijos y compartió su misión, me dijo que iba hacer la fiesta de 15 años de su hija, ese era su objetivo y la visión dijo; "con tu ayuda lo vamos a lograr", cuando ella dijo eso se me puso la piel chinita, erizada, me emocioné tanto y yo le dije lo vas a lograr, por amor a un sueño, por amor a un porque todos lo vamos a lograr.

Capítulo 5

Control de Emociones

Introducción al Control de Emociones

Me gustaría que recordaras el riesgo que existe siempre; hoy de principio a fin aprenderás porque la gestión de riesgo es tan importante.

Recuerda esto: "si tu lotaje te hace sentir tranquilidad y te permite irte a dormir sin miedo al qué pasará, entonces es el lotaje correcto", si tu lotaje te da temor cuando tú metes una operación y sientes miedo entonces déjame decirte que no estás utilizando el lotaje correcto.

Un lotaje adecuado en tus operaciones tiene que ver todo con el control y el manejo de tus emociones, ahora mismo te diré secretos, técnicas, trucos y lo que yo hago para poder dejar una operación a veces hasta una semana abierta, son operaciones swing y eso es lo que te hace al final que tú puedas convertirte en el Trader que tú has soñado.

Enfrentando la Ansiedad en el Trading

Para poder ver una operación en rojo durante un tiempo yo te podría decir que debes confiar en tu análisis, tú siempre debes estar recordando por qué estás entrando y mientras tú sepas que estás haciendo las cosas bien deberías sentir esta tranquilidad que te inspira el saber que tú estás haciendo tu análisis como tu mentor te lo está indicando y que al final el resultado no siempre depende de ti.

La ansiedad es la preocupación y el miedo intenso, excesivo y continuado ante situaciones cotidianas, es posible que se produzca taquicardia, respiración agitada, sudoración y sensación de cansancio; quisiera hacerte una pregunta: ¿A qué le tienes miedo?

Si tu respuesta es perder tu cuenta no deberías de tener miedo a nada, ¿Qué pasaría si pierdes tu cuenta? Piénsalo, ¿Alguien va a morir si pierdes tu cuenta? la realidad es que no, nadie va a morir ni tú, ni tu familia, ni nadie, nadie se va a morir si quemas tu cuenta, pero obviamente no queremos que eso suceda.

La mayoría de ocasiones nos da temor y nuestro miedo es que vamos a quemar nuestra cuenta, quiero que te olvides de la palabra "Quemar mi cuenta", lo peor que va a pasar es nada, que se pierda , pero el dinero se recupera, te lo dice alguien que ha tenido cuentas grandes, que las ha perdido en su momento hace muchos años y claro aprendí un modelo que les enseñó en la academia para que ya nadie queme sus cuentas.

Ingrediente secreto de la Gestión de Riesgo

Estás aprendiendo un modelo educativo para que nunca quemes tu cuenta, entonces no temas a operar el mercado, hoy te quiero revelar la fórmula secreta como si fuera una receta para hacer un pastel, éstos son los ingredientes:

-kilo y medio de definir tu meta de ganancia mensual

Defínelo, coloca cantidades reales, no estamos en un cuento de hadas como para creer que puedes duplicar tu cuenta, triplicar o multiplicarla en 10 segundos, tienes que entender que esto es real y que estamos ante escenarios reales.

Vamos a hacer un ejercicio, primero supongamos que tu meta fuera el 10% sobre tu capital, paso número dos, divide el 10% entre 20 días operables, esto en el supuesto de que empiezas el domingo, trabajas domingo, lunes, martes, miércoles y jueves, son 5 días de trabajo, el domingo después de la apertura cuando estás en Asia regularmente el precio deja opciones de entrada, gaps y el precio llega a puntos donde empieza a trabajar, para que a lo mejor en la sesión Asiática ya comienza a tocar órdenes pendientes del mercado y muchas veces el domingo es la mejor oportunidad para entrar; entonces dividan el 10% entre 20 días operables, después ese 10% entre 20 días operables les va a dar un promedio del 0.5% diario. Esto significa que ahora tu meta diaria es un 0.5% de tu capital, entonces en gestión de riesgo esto significa que ustedes arriesgan al día el 0.2% y su meta de ganancias será del 0.5.

Va en contra de las leyes del mundo que perdieras el lunes, martes, miércoles, jueves, viernes, sábado, que pierdas la primera semana, la segunda semana y llegas te sientas frente al computador y vuelves a perder lunes.

Es ridículo, no pierdes todos los días, hay un dicho que dice: "tanto va el cántaro al agua hasta que se queda dentro o hasta que se rompe". Así es esto, y es que la vida entre más insistes, más lo logras, entonces es imposible pensar que vas a estar todo un mes completo las cuatro semanas perdiendo todos los días.

Fíjate bien si tuvieras una cuenta de 10,000 y perdieras las cuatro semanas habrías perdido 40 operaciones por ejemplo, 10 operaciones por cada semana, por lo tanto habrías perdido $800 en el mes, ¿esto te quemaría la cuenta? la respuesta es no. Tenemos un ejemplo de una cuenta de 10,000, la cual con la gestión de riesgo correcta, en 4 semanas lo más que podrían perder son $800 y la cuenta no se quema, pero espérame porque ahí no termina la cosa, quiero que veas esto porque lo que te estoy compartiendo, si me lo entiendes, tu trading hoy va a cambiar.

Vamos a enfocarnos en un cuatrimestre, que significan 4 meses, supongamos que tú perdieras el mes, uno completito, los 30 días, o sea 40 operaciones perdidas, dijimos $800. Si el segundo mes vuelves a perder todo el mes consecutivo, habrías perdido otros $800, si el tercer mes vuelves a perder todo el mes 40 operaciones más, serían otros $800 más de pérdida, si el cuarto mes consecutivo vuelves a perder las 40 operaciones, vuelves a perder los $800 y ya habrías perdido en total estas 160 operaciones que serían -$3200 qué habrías perdido en 4 meses. -$3200 te digo algo, Ni siquiera 4 meses te harían perder tu cuenta, todavía te quedaría $6800 es lo que te quedaría, $800 todavía para dar batalla.

Ahora si perdieras los tres cuatrimestres, un año tiene tres cuatrimestres o sea son 12 meses, si perdieras el año completo lo máximo que podrías perder en tu cuenta son $9600, esto no son los $10,000 de tu cuenta, ni siquiera perdiendo de lunes a viernes durante 12 meses consecutivos.

Si perdieras los 12 meses tu cuenta no se quemaría; ¿te diste cuenta que no es tan malo? ¿Cuáles son las probabilidades entonces de perder todos los días durante un año consecutivo? ni un niño aprendiendo a andar en bicicleta, o aprendiendo a correr, ni un Messi tirando 10 o 20 penaltis falla los 10, nadie, nadie falla siempre, nadie falla el 100% de las veces, entonces lo que yo quiero que tu entiendas, es que el problema no es el miedo a quemar tu cuenta, el problema es otro, ¿cuál es?

El problema es tu gestión de riesgo, tu miedo es que no entiendes todavía lo que es el trading y como no lo has entendido, tú piensas que es peligroso dejar correr una operación ¿y si se regresa el precio? y ese miedo que tienes ahí en tu cabecita es el que te hace perder hoy; es una cuestión de educación, de mentalidad, de cultura donde la gente desgraciadamente se cree que lo sabe todo.

En serio, mira que yo sé manejar un coche pero no significa que por eso puedo correr contra Checo Pérez la Fórmula 1, yo sé tirar un golpe pero eso no significa que le voy a decir a Mike Tyson: "Mike Tyson dame cursos de cómo ser un boxeador, mira que yo ya sé pegar, pero Mac no me enseñes qué es el box, sólo no dime las técnicas porque yo ya sé Box y no necesito que me enseñes".

Siento decir esto, pero así de ridículo te ves cuando no has visto toda mi academia, así de ridículo me vería contra Mike Tyson, contra Checo Pérez, contra Lionel Messi; así de ridículos nos vemos cuando no queremos entender la metodología completa, así de ridículo te ves si crees que ya sabes todo de trading, ¿qué haces hoy aquí leyendo mi libro si ya sabes todo?. Entonces el problema no es que sepas o no sepas, el problema es tu mala gestión de riesgo y quiero enseñarte a tener una adecuada porque ya te enseñé que en un año completito no se quemaría tu cuenta.

Estrategia de Diversificación

Tú puedes manejar todas las cuentas que quieras, una con riesgo alto, una con riesgo medio y una con riesgo bajo. Es de humanos diversificar, es inteligente manejar diferentes estrategias. Entonces, tu problema es tu gestión de riesgos y la solución es el plan de trading.

Esta es la solución: para que el modelo funcione, necesitas empezar a cumplir una adecuada gestión de riesgo. Como cuando vas en el coche manejando y pones Google Maps, ¿qué pasa si te equivocas? La aplicación te dirá: "Gira a la derecha" y te hace regresar. Y a veces tú dices: "No, es que yo conozco otro camino que también me lleva". Pero la aplicación te va a estar diciendo todo el tiempo: "gira a la derecha". Y tú no giras porque crees que tienes un camino mejor y de pronto, muchas veces, te pierdes. Te perderás porque crees que tienes un camino mejor que el de la app. Entonces, ¿para qué pones la app?

Esto pasa mucho, a mí me ha pasado y yo creo que a ti también, sobre todo cuando estás en una ciudad nueva y no conoces por donde vas. Te pierdes incluso con GPS porque quieres hacer las cosas a tu manera.

A veces nos damos cuenta que más adelante del camino había un accidente y por eso la app, "que no sabe más que tú", te estaba protegiendo y guiando por el camino correcto. Lo que quiero decir con todo esto es que un plan de trading es la solución. Y quiero preguntarte: ¿te sentirás estresado aún sabiendo que tienes que perder un año consecutivo para quemar tus cuentas? La verdad, yo estoy seguro que la respuesta es no. Nadie se sentiría estresado sabiendo que, con una gestión correcta de riesgo, necesitas un año completo para quemar tu cuenta. Entonces, ahora quiero que recuerdes siempre que para calmar tu ansiedad te permitirás perder dos operaciones al día. Así que no pasa nada si te toca tu Stop Loss.

Algunos alumnos me mandan mensajes: "Profe, está bajando el oro". Y les digo: ¿y qué tiene? Y contestan: "No, pues es que me va a tocar el Stop Loss". ¿Y qué tiene? Se supone que el Stop Loss está ahí para proteger tu cuenta y que no la pierdas. Entonces, cuando nos toca el Stop Loss, deberíamos de festejar.

Hay un video viral que me llama la atención, donde cuatro personas africanas llevan un ataúd en sus hombros y van bailando y celebrando. Ellos están de traje y corbata, entonces muchas personas se preguntan cómo es que pueden bailar con la muerte. Te quiero decir algo: ellos festejan la muerte y lo hacen porque la persona que muere deja de sufrir y se supone va al cielo. Ellos así lo creen y hacen fiesta cuando eso pasa. Yo no quiero que hagan fiesta cuando eso me pase, digo, a cada quien que se le haga lo que quiera. Pero lo que sí deseo es que festejes cuando te toque Stop Loss. Tienes 99 oportunidades más para seguir operando gracias a que te tocó tu Stop Loss. ¿Te diste cuenta cómo tu perspectiva de Stop Loss cambió ahora? Cuando ves diferente el tema, tu mente empieza a cambiar.

Y una vez que entres en una operación, por favor, no revises el gráfico cada 5 minutos. El problema es mental y si te la pasas viendo el gráfico todo el día, te vuelves ansioso.

Aléjate de las gráficas

Tristemente, hay personas que pasan horas viendo los gráficos. He estado en el cine y me mandan mensajes: "Profe, ¿cómo va el oro?". Y yo respondo: "Oye, estoy viendo a Iron Man a punto de salvar al mundo con las gemas y tú me estás preguntando ¿cómo veo el oro?". No, no estoy viendo el oro, estoy viendo a Iron Man. Por favor, no lo hagas, no deberías estar todo el tiempo frente al gráfico. Te hace daño: daño tu espalda, tus ojos, tu salud y además te vuelve ansioso. No hagas eso, no veas el precio todo el tiempo.

Recuerda que hay horarios institucionales para operar y de acuerdo a esto programa tu operativa, no te quedes todo el día frente a unos gráficos. A mí me pasaba cuando empecé a hacer trading, entraba al mercado cada 5 minutos. Tú no lo hagas, por favor. Otra cosa que te hace mucho daño es ver el gráfico en temporalidades de un minuto. Las velas se mueven diferente, es como si tú entraras al mundo de Legoland o al mundo de Mario Bros o de los

Minions. Vas a ver todo diferente, vas a ver todo más grande o más pequeño.

Lo mismo sucede en el gráfico. Mejor míralo en una hora, te permite sentirte tranquilo porque ves diferente. En una hora se mueve el precio lento, no se mueve así de agresivo a menos que haya una noticia. No operes en temporalidades pequeñas o no veas el gráfico en tiempos menores a 30 minutos o a una hora porque eso te hará tomar malas decisiones.

Receta secreta para ser rentable

-460 gr de no modificar tu Take Profit.
-820 gr de no modificar tu Stop Loss.
-10 cucharadas de afirmaciones positivas en el día.
Comparte al menos con 1 persona al día y dile por qué estás agradecido de ser Trader y cuéntale de tus metas, sueños y anhelos. Mezcla todo en un Bowl y piensa positivo.

Una vez que entres en una operación relájate y sé feliz mientras el pastel se hornea, lo peor que puede pasar es que te toque Stop Loss, que se hornee un poco más y eso no va a hacer que el mundo se caiga. Cuando ganes una operación agradece a Dios, bendice a otros, comparte del pastel, evita el ego, el orgullo y permítete regalarte algo, lo que sea, un dulce pero prémiate a ti mismo, un premio porque ganaste una operación, así funciona el cerebro, hazlo y sé feliz.

Cuando pierdas una operación agradece a Dios, cuando ganes una operación agradece a Dios. Creo firmemente que la fórmula mágica para ser feliz es dar gracias a Dios por lo bueno y por lo malo. Bendice a otros y evita reprochar. Sé autocrítico y piensa qué hiciste mal, qué puedes mejorar y analiza. Háblate bonito y no te des por vencido. Recuerda algo, tu ansiedad está relacionada con lo que ves y lo que escuchas. Por lo tanto, a quién escuchas, a quien leas, gente que no sabe de trading, comentarios negativos, contaminan tu mente. Esa contaminación lo único que logra es que cierres tu operación por emoción y entonces vas a decir que el precio está bajando.

Un buen amigo dijo en una conferencia: "Me permito escuchar solamente una voz y esa voz es la voz de mi mentor; hay muchas estrategias, hay muchos traders, hay muchas academias, pero yo me permito escuchar solamente una voz porque confío en ella y sé que esa voz me va a llevar a donde quiero llegar". Me encantó cuando escuché a uno de mis alumnos decirlo y me hizo sentir una responsabilidad enorme por ayudarlo. Y te quiero decir una cosa a quién esté leyendo, el taxista siempre se va a quejar del Uber y te va a decir que Uber es un fraude, que es lo peor, que los conductores de Uber son malos porque el taxista es afectado por Uber.

Asimismo, te van a hablar mal de Netflix todos los que vendían películas en CD'S y toda la gente de la Industria cinemática que perdió dinero en su momento por hacer cosas que no quisieron llevarlas a la tecnología. Te van a hablar mal de bitcoin, de crypto y de las inversiones. Los banqueros, los que te dan un 3% mensual o un 5% anual, ellos te van a hablar mal del trading y te van a decir que esto es un fraude y es real.

La pregunta es: ¿Quién sabe más? ¿El que tiene los resultados o el que habla mal? La realidad es que el que tiene los resultados es a quien deberías de escuchar. La otra es a quién no ves. Es increíble, pero si tú estás contaminando tu mente con noticias negativas, con información negativa, con videos de Youtube con estrategias donde te dicen que la mejor es operar cuando el precio esté en el rci valor 70, o que te digan que no sirves para nada hasta que vean que lo lograste, estas mal enfocado en tu vida, desecha toda contaminación.

La gente me decía que yo no lo iba a lograr, se burlaban de mí. Cuando yo llegaba a una fiesta con mi familia, obviamente siempre en traje de corbata y muy elegante, la gente decían: "Mira ya llegó el empresario" porque yo les dije que yo iba a ser millonario y un empresario exitoso y cuando la gente me veía llegar en mi Tsuru, yo tenía un auto Nissan viejito modelo 91, ese fue mi primer coche, chocado, con mala pintura, feo el carro, todos se burlaban.

En ese entonces, eso sucedía en mi vida y ¿qué crees que me dicen hoy? Ahora ya no dicen con tono de burla, ahora dicen: Ema, ¿en qué país estuviste este mes? Esfuérzate tanto hasta que los que se burlan de ti, un día te admiren. Esfuérzate tanto hasta que esos como a mí que me criticaban en mi propia familia hoy me ven y se quedan callados. Esfuérzate tanto y no por ego, no por orgullo, para que te demuestres a ti mismo que lo vas a lograr y que lo más importante no es lo que dicen los demás sobre ti, lo más importante es qué dices tú sobre ti.

Yo estoy frente al gráfico, estoy frente a 500 personas más todas las que están en Youtube todos los días, frente a una comunidad de 4000 personas siempre. Y ¿qué crees que digo? ¿Tú crees que yo digo que soy un mal Trader? Imagínate a mí en mi soledad cuando estoy en mi cama. No, no lo digo.

Declaración de un Master Trader

Quiero hacer una declaración de un Master traders, quiero que lo repitas cinco veces todos los días antes de entrar al mercado, te levantes de tu cama y repitas esto:

"Yo soy un imán para los profits, el dinero y la prosperidad,
Soy bendecido con la visión de tomar entradas ganadoras,
Yo soy un creador poderoso de mi propia riqueza y prosperidad,
Yo soy capaz de vivir una vida llena de profits y confort,
Yo soy agradecido por ser un master trader"

Repítelo cinco veces todos los días hasta que tu mente lo crea y repítelo constantemente para que tu mente acepte que eres un trader próspero y exitoso en todas tus operaciones, hasta que entiendas que eres capaz de atraer profits, abundancia y prosperidad a tu vida, hasta que entiendas que eres bendecido porque Dios te puso además de un corazón una mente creativa y próspera. Si antes te dijeron que de chiquito estabas tonto, olvídate de eso. Tú eres inteligente y lo puedes lograr. Puedes lograrlo porque tienes una mente igual a la mía, la diferencia es el desarrollo que has tenido. La mente es la misma, el cerebro es el mismo, lo único que cambia es la información que tú almacenas.

Por favor, empieza a almacenar esa información y te prometo que vas a ser un imán para los profits y para el dinero. Y quiero que comiences a partir de hoy a disfrutar del proceso, que te vuelvas fanático del trading. Un fanático es aquel que se pone la playera todos los días y dice: "Yo apoyo a muerte a mi equipo porque yo soy de ese equipo". Y cuando el equipo sale campeón, gana o mete un gol, la gente, los fanáticos se sienten felices y disfrutan.

Conviértete en fanático del trading. Somos Master traders fanáticos porque un fanático cumple sus sueños, un fanático lo logra, un fanático apoya desde el corazón, un fanático quiere que las cosas se vuelvan realidad. Y yo quiero que tú disfrutes del proceso y te conviertas en el trader que has soñado.

Quiero que sepas algo, eres verdaderamente inteligente, poderoso y capaz de cambiar tu situación económica. Pero en ocasiones no te das cuenta cuando estás frente al gráfico, muchas veces te olvidas de todo esto que te he enseñado. Una de las lecciones más importantes que yo quiero que aprendas como trader es el control y el manejo de tus emociones.

Recuerda que todo, todo, todo en la vida es energía y con esa energía somos capaces de manipular todo lo que pasa a nuestro alrededor cuando entramos al mercado. Nosotros somos quienes controlamos ese gráfico, no el gráfico el que nos controla a nosotros. Somos unos manifestadores, por eso hoy te enseño este decreto que quiero que lo repitas cinco veces al día antes de entrar al mercado, porque somos manifestantes y manifestar siempre ayuda a que tu mente crea lo que tu boca habla.

Somos hijos de Dios, por eso somos hermanos, y dicen que todo lo que nosotros vivimos en este mundo está escrito en un libro, en el libro de la vida, en el libro de los hechos. Y dicen que todo lo que nosotros vamos a vivir en este mundo está escrito allí. Por eso es que a mí me emociona pensar que tú y yo nos conocimos antes de venir a este mundo. Me emociona pensar que quizá estábamos reunidos juntos y nos prometimos entre todos que nos ayudaríamos con amor a convertirnos en traders profesionales. Me emociona pensar que quizá antes de venir a este mundo yo les hice una promesa y hoy me siento emocionado de poder soñar con que estoy cumpliendo esa promesa.

Hoy quiero dar gracias porque encontré mi propósito de vida. Hoy anuncio a todas las personas que he encontrado cuál es mi propósito de vida. Mi propósito, además de dar gracias a Dios por haberlo encontrado, en un mundo lleno de maldad es que encontré gente buena.

Y quiero pedirte que disfrutes de las caídas, de las pérdidas y de los tropiezos. El trading es un camino en el cual vas mejorando día con día tu condición como Trader y estoy seguro que te vas a convertir en un trader súper rentable. Nunca te olvides de este proceso, porque estoy seguro que tú y yo sabíamos antes de venir a este mundo que estas cosas pasarían y nos prometimos que nos ayudaríamos.

Encontramos una forma de ganar dinero a través de la tecnología y tenemos una obligación. duplicar lo que nos da resultados. Ahora vamos a bendecir a mucha gente que tiene que ir todos los días y trabajar de 8 a 8. Vamos a bendecir al padre que se levanta de la cama preocupado por el pan que va a llevar a su mesa. Vamos a bendecir a las madres que están rogándole a Dios por un milagro económico en su vida. Vamos a bendecir a esas personas que hoy se levantaron y le pidieron a Dios una oportunidad de trabajo.

Nosotros no solo somos traders, nosotros somos una oportunidad. Somos la respuesta a las oraciones de muchas personas. Tenemos una gran responsabilidad y esa responsabilidad es frente al mundo.

Y yo quiero por eso que hoy me hagas una promesa. Yo te prometo enseñarte trading y todos mis secretos. Prometo mostrar todas las técnicas necesarias para ganar mucho dinero día a día. Pero a cambio de enseñarte todo lo que yo sé, yo quiero que me hagas una promesa. No quiero que me des tu dinero, ni de nadie. Yo solo quiero una promesa: que cuando ganes mucho dinero no te vas a olvidar de Dios.

Prométeme que cuando seas rentable ayudarás a muchas personas que están a tu alrededor, a tu familia y amigos, darás el 10% de lo que ganas para que Dios multiplique tus ingresos a la gente. Ayuda a la gente, compra ropa, compra comida y ve a los hospitales. En los hospitales siempre hay personas que tienen hambre, siempre hay una persona allá afuera que está esperando la cirugía de su familiar y que tiene hambre y que tú le puedes llevar un pastel, una torta, un pan, un café, un chocolate, un dulce o simplemente ve y dales un abrazo.

Si tu cuenta es demo, ve y abraza a todo el mundo porque en demo tu ganancia es ficticia. Ve y diles que los amas, pero da el 10% de lo que ganas y prométeme que nunca se te va a subir el ego, que nunca se te va a subir el orgullo. Y por último, prométeme que siempre vas a recordar esta promesa.

De un Trader a otro Trader, haremos honor a la palabra y lucharemos para cumplir con la promesa que le hice a mi socio, que es Dios. Yo le dije que si él me sacaba de la vida en la cual yo estaba, de mis problemas, de mi escasez, yo crearía un montón de personas fieles a él que generarían dinero a través de esto. Háganlo todos los días de su vida. Dice Michael Jordan que si tú encuentras lo que te gusta y lo haces todos los días de tu vida, nunca tendrás que trabajar. Y yo por eso quiero invitarte hoy a que ames el trading como lo amo yo y te prometo que si lo amas y utilizas esta correcta gestión de riesgo, vas a llegar muy lejos y vas a poder bendecir la vida de mucha gente.

Capítulo 6

La raíz del Trading

Acepta tu responsabilidad

Quiero contarte un poco de mí, tengo una costumbre, ritual, hábitos que realizo día a día para comenzar de la mejor manera mi jornada y como de costumbre el día de hoy antes de sentarme a escribir este capítulo, medite, leí y te quiero compartir la siguiente frase: "Soy responsable de todo lo que me pasa en la vida" y quizá asemejando al trading, mencionaré como aplica con algunos ejemplos:

Perdí una operación: ¿Por qué la perdiste? tienes que entender que la perdiste por una irresponsabilidad o por una responsabilidad, pero tienes que entender que esa responsabilidad no es culpa de nadie, tienes que ser lo suficientemente responsable para entender que todo lo que funciona y sucede en tu vida, es parte de un proceso y es parte de un Por qué, Si estás leyendo mi libro estoy seguro que eres una persona madura y responsables, no solamente cuando nos conviene sino cuando debemos de serlo.

Hoy a todos se nos presenta la oportunidad todos los días de ser responsables y hoy decidí escribir sobre el árbol del trading, así titula este capítulo, hoy les voy a hablar acerca del árbol que creo que es algo que nos va a ayudar.

Tu árbol, el reflejo de tu trading

Para hablar acerca del árbol del trading primero vamos a poner lo que son los frutos del trading y yo quisiera que pensemos en algunos y los visualicemos. ¿Cuáles serían algunos de los frutos del trading? quizá podría ser el dinero, la libertad, el tiempo, también la paz y un mejor bienestar.

Ya visualizamos los frutos del árbol, pero antes de tenerlos, vamos a pensar en el tronco de este árbol, un tronco que crece mucho antes que los frutos. Nosotros somos ese tronco y para alcanzar los frutos del trading al igual que el árbol, debemos crecer fuertes y ese soporte debe estar nutrido de aprendizaje, paciencia a los errores, constancia, autodisciplina, preparación, conocimiento entre otros, lo que nos servirá no solamente para el trading sino para nuestra vida.

También debemos pensar en las raíces de nuestro árbol, quiero que pienses en raíces positivas y raíces negativas, por ejemplo, visualiza un árbol de manzanas, ¿Puede dar peras este árbol? o quizás ¿fresas? La respuesta es más que obvia, ¡No! Un árbol de manzanas solo puede dar manzanas, así como uno de peras solo puede dar peras, tenemos que entender que cada semilla en este caso puede dar su fruto.

Entonces lo más importante es nuestra semilla, nuestra esencia en la raíz, en este caso el punto de partida para un buen trading, para esto yo quisiera hablar de algunas que ustedes seguramente pueden creer. ¿Cuáles son nuestras raíces, nuestros principios? La gente no entiende que lo más importante del trading son las raíces, entonces hoy quisiera hablar acerca de ellas, es increíble cómo nos parecemos.

Por ejemplo, al desear estos frutos del trading, queremos buscar atajos para llegar a ellos y quiero dejar en claro que en ningún momento mi afán es ofender a nadie, pero si es tu caso, hacerte reflexionar. En el trading al desear los frutos sin tener la semilla y alimentar el el tronco se asemeja a cuando decimos no quiero aprender, yo solo quiero señales ganadoras de trading, quiero realizar operaciones con un lotaje muy grande y que en pocas operaciones obtenga el fruto.

Cuando se presentan estas situaciones simplemente no se quiere vivir el proceso, piensa una cosa y te lo digo de todo corazón y con todo el amor del mundo, está siendo egoísta contigo mismo, no conmigo, ni con nadie más, el hecho de que ganes dinero en mi operativa eso es un Plus que puedes tener en el camino, pero mi mentalidad mi filosofía, mi idea, mi sueño es que tú te conviertas en un Trader mejor que yo sin necesidad de que esté contigo quiero que cada quien pueda continuar con el camino que un día les ayude a forjar, quizá este libro sea tu primer acercamiento conmigo, y está bien, mi deseo es que pueda impactar tu vida y quizá ser el inicio de tu cambio o tal vez tu ya seas rentable y fortaleces lo que ya sabes con esta lectura.

Universidad de patos

Quiero contarles una historia que a menudo le narro a mis niñas y he compartido en asesorías o cursos. Había una vez una universidad para patos, empieza querido lector por imaginar el pato que hizo la universidad para patos y esa universidad era en una casa. Imagina una casa con chimenea, y ésta era el ascensor para que los patos pudieran llegar a la cima de la casa.

Entonces, en la casa con una chimenea y con un montón de patos, estaba el maestro pato al frente, era Mc

Pato. Imagina al tío Mc pato, de pie al frente enseñando a los patos a ser patos, jejeje perdón la redundancia de palabras pero se hace necesario para entender la historia. Resulta que estaban los patitos super atentos, cuando el tío pato dice: "A ver, fíjense bien jóvenes, hoy vamos a aprender clases de vuelo". Entonces empieza a enseñarle a los patos cómo volar y dice el maestro: "Fíjense bien patitos, todos ustedes lo que tienen que hacer es mover sus alitas así". Y les empieza a enseñar cómo mover sus alitas para que ellos pudieran volar, les da la clase de cómo ser patos voladores, les enseña, los prepara, pasan de la teoría a la práctica.

Suben por el ascensor, es decir por la chimenea, y los pone arriba en la casa y les dice: "Ahora sí patos, ha llegado el momento de volar". Y entonces, los empiezan a empujar uno a uno como cuando te avientas de un avión en paracaídas. Imagínate que te avientan de la casa, algunos patitos se caían, algunos se tropezaban y otros volaban. Y entonces mira lo que pasó: se dieron cuenta que mientras más lo intentaban, se caían, se lastimaban, lo volvían a intentar y cada vez eran más patos los que estaban volando al día. Lo intentaron un día, lo intentaron al día siguiente y el día número tres del proceso, todos los patos estaban volando totalmente solos. Y entonces decía el maestro: "Vamos a salir al recreo, todos tienen el momento de esta recreación, salgan a jugar con sus amigos patos". Y todos los patos estaban jugando volando, era increíble todo lo que los patos habían aprendido.

Entonces llega el día de la clausura, por fin terminan el curso de patos y ellos ahora eran patos voladores. Y les dice: "Ahora sí mis queridos patos, vayan a su casa y sean felices". Y todos los patos de la clase salen caminando, ¡se fueron caminando!. Aprendieron a volar y se fueron caminando.

Entonces aquí viene la parte importante de la historia; tú y yo aprendemos a volar, pero a veces olvidamos que sabemos volar. Y aquí es donde viene la parte más importante y esto es lo que yo quiero transmitirte hoy, lo que quiero enseñarte, y lo digo de todo corazón, es y sin afán de egos, ni de caerte mal, lo digo con todo el amor del mundo. Yo he llegado a un punto en mi vida en el cual soy rentable económicamente hablando, me va bien y realmente género el dinero que necesito para vivir y soy feliz, así vivo en una burbuja de felicidad increíble. Sin embargo, tengo la determinación de ayudar a los patos a volar y quiero enseñarle a mi escuela de patos a que todos mis patos puedan salir de mi comunidad volando.

Por qué te digo todo esto?, porque yo aprendí a volar, me caí, me lastimé y me dolió, pero yo estoy seguro que si enseño a otros patos a volar, ellos a su vez van a poder ayudar a otros patos y se van a ir de acá volando con sus propias alas y eso será para mí un sueño cumplido.

Ante la gente de negocios soy un inepto, porque ellos dicen que se me van a acabar los clientes, es como un doctor que verdaderamente quiere curar al enfermo, porque mientras el enfermo se sienta mal, pues va a ser un cliente y un negocio para él. Pero en trading es diferente, no necesitamos que la gente esté enferma de por vida, al contrario, yo quiero curar enfermos. Por qué te voy a decir que en el trading no es una batalla entre traders, a veces olvidamos que la batalla es entre nosotros como traders y el mercado, a quien le ganamos.

En este caso, ayudar a una persona, lo único que me hace es mejor ser humano porque estoy ayudando a los demás y la batalla es contra el mercado y contra nuestra propia cabeza. Entre más estemos ayudando a las demás personas a entender la visión del trading, vamos a convertirnos nosotros mismos en una persona especial, en una persona mejor.

Entonces, ¿por qué te comparto esto? Porque las raíces que lleva el árbol, son las que te ayudan a ser un gran

Trader, cuidarlas, cultivarlas y siempre regar abono contribuye para que estén fuertes y firmes. Identifica las raíces buenas y malas, por ejemplo, el miedo es una raíz mala y todos en algún momento lo sentimos al momento de operar y ojo, porque el no saber manejarlo tiva que hace que árbol no pueda desarrollarse correctamente.

Pero también, qué crees, aún las bacterias y las enfermedades de los árboles pueden ser desechados, o sea, se las podemos arrancar para que renazca y salga a flote lo más bonito y bueno que hay dentro de cada uno de nosotros.

El Amor: La fuente de todo

El día de ayer mientras pensaba en que escribiría al día siguiente, reflexioné en otra raíz de mi árbol, el amor. Este sentimiento que viene del corazón, que te lleva a obrar de la mejor manera en pro de ti mismo y de los demás, porque soy un convencido que todo parte desde el amor, el hecho de que tú estés hoy aquí leyendo mi libro viene por el amor. ¿De quién? el amor de Dios que decidió crear un plan en el que estamos nosotros.

Recuerdo que cuando era pequeño e iba de viaje con mi mamá, en el camino ella siempre hacía una reflexión al ver las montañas y decía: me gusta imaginarme a Dios cuando creó la naturaleza, diciendo vamos a crear esta montañita y así como cuando jugamos en la arena en el mar dice mi mamá, me imagino que Dios estaba creando esta montaña y creó los arroyos, los árboles, los animales por qué Dios creó todo, Dios lo creó por amor.

Así de simple es cuando entiendes que Dios Creó todo por amor y te das cuenta de que estamos en un mundo hecho por él, con miles de cosas bellas que debemos valorar y agradecer, no hay una cosa en el mundo que no haya sido creada con amor.

Y al final cuando tú entiendes que todo sucede y se crea desde el amor, entonces entiendes que el trading y lo que yo les comparto también parte desde el amor, elaborar este libro con mi experiencia de vida y tips para tus operativas lo hago desde el corazón y en serio piénsalo si no hubiera amor en este caso por ustedes, no hubiera hecho mi Academia totalmente altruista.

Masters Traders no será la única academia en el mundo, hay muchas otras, pero te puedo asegurar que es la única en la que sientes amor de familia y unión en la comunidad. Además como valor agregado se opera en vivo de lunes a jueves y ves los resultados al instante y los viernes y te enseño psicotrading y te digo una cosa, no lo digo por creerme más que las otras academias lo digo para que aproveches esta super oportunidad que te estoy brindando, aprende, crece y se un trader con excelentes resultados mejor que yo.

Y como este aparte hace referencia al amor, tanto el que nos debemos tener a nosotros mismos como el que yo tengo hacia ti, querido lector, compartiré otra parte de mi vida contigo. Yo tengo muchos años haciendo trading, obviamente cuando mi proceso inicio no fuí rentable, sufrí y lloré como ustedes han llorado y quemé muchas cuentas cuando comencé a hacer trading.

En esa época no había cuentas de fondeo, por lo tanto para mí decirles que quemé una cuenta de $10,000 eran $10,000, perdí literal $10,000, no es lo mismo ahora quemar una cuenta de fondeo porque realmente los $10,000 no fueron tuyos, solo invertiste $100. Siendo francos y honestos, al quemar una cuenta de fondeo lloras por quemarla pero no pierdes el total de esa cuenta, solamente los 100 que pagaste al momento de la compra, más tu tiempo invertido.

Te quiero decir algo y es que en mi caso, yo sufrí la realidad del trading y perdí dinero real, y con el tiempo entendí el juego del trading. Espero no mal interpretes mis palabras, ya que cuando hablo de un juego, no me refiero a un juego irresponsable, hablo que hace parte de algo y que existen ciertas reglas para ganar en el trading.

Por ejemplo, el día de hoy es viernes y por regla tengo que estos días no se operan. Sin embargo, me levanté como de costumbre, me senté frente a mi ordenador, vi la Gráfica y analice lo que iba a pasar.

Por amor se los compartí en el grupo VIP que tengo, preguntenme: ¿Qué pasó con el precio esta mañana? El resultado fue el que dije y lo comprobaron muchos de mi comunidad y no lo digo porque soy el mejor, solamente lo digo porque cuando tú entiendes cómo funciona esto, puede ser lunes, martes, miércoles, jueves o viernes, el día que sea te sientas frente al gráfico y tú sabes lo que el gráfico va a hacer claramente,, mientras no haya manipulación de por medio.

Entonces déjame decirte que al comienzo empecé perdiendo y quemando muchas cuentas pero de pronto inicie a ganar siempre y empezó este sentimiento ganador, la satisfacción de lo logré; porque te va a pasar y quiero decirte que llegara el momento en el que tu te vas a dar cuenta que todos tus trades son reales, son buenos, son positivos, son ganadores. En este momento si no lo son, y tranquilízate, estás pagando el precio, que haría referencia a nuestro tronco y ese crecimiento duele porque es un proceso pero en su evolución aprendes y te enriqueces.

Hay una historia que me gusta mucho, trata de la historia de las grosellas, me la compartió mi hermana en ese proceso que les voy a compartir a continuación. Legó el punto en el que mi árbol estaba frondoso, con flores, muchas plantas, era de color verde y resulta que yo vi nacer y crecer esos frutos, quiero decirte que a pesar de que eneste momento no veas floreciendo no significa que esos frutos no vayan a salir, solo debes entender que hay un proceso y que lo tienes que vivir sí o sí.

Puede ser que en el invierno de tu educación y por ello se caen las plantas, te has quedado sin flores pero la primavera llegará pronto y brotarán esos frutos.

En el trading también existe un proceso y en ocasiones llegan huracanes, puede haber vientos que van a derrumbar las plantas, los frutos y hasta derrumbar todo tu árbol y te puedes quedar sin hojas, pero tranquilo, esto también es parte del proceso.

Te cuento esto porque después vino la parte más difícil de toda mi vida, lloré mucho, sufrí como no te imaginas, porque todos los frutos que mi árbol me había dado los perdí y no los perdí por un mal Trader, los perdí por gente mala que vino y me los robó. Es triste porque después de estar en la cima, de tener la vida soñada, tu casa con piscina, con todos los lujos del mundo, las mejores vacaciones, que haces lo que quieras en el momento que gustes y resulta que de pronto todo se cae, todo se acaba.

Esto fue una enseñanza que Dios tenía para mí y en ese momento yo sentía que todo se había derrumbado, que todo se había acabado y por qué les cuento esto, porque yo quiero que ustedes entiendan que aún si tú te sientes como yo me sentí en su momento que has perdido todo y que incluso tienes que abandonar tu casa, tu ciudad por seguridad y que te tienes que ir y dejar todo cuanto tienes eso es uno de los procesos más difíciles que creo que a una persona le pueden pasar, me pasó y ahí yo me encontraba devastado y sin ilusiones.

Imagíname tirado, desesperado, de hecho en ese tiempo según yo, me dejé crecer la barba porque decía que no me la iba a volver a cortar hasta que la vida otra vez me sonriera, no me quería cortar el cabello y el tema de la barba, si te contara, en últimas nunca me creció, mi mala suerte, era lampiño; pero yo intenté de alguna manera revelarme, demostrarle al mundo que estaba en contra de todo y que no quería saber nada de nadie, me porté mal en su momento y hasta atente contra mi vida en dos ocasiones, yo ya no quería vivir en este mundo.

En ese momento vino Dios a través de este ejemplo del árbol, una de mis hermanas me puso un video que habla de él, me acordé porque estaba leyendo mi diario. A veces yo escribo, no a diario, en ocasiones semanalmente, te invito a que lo intentes y plasmes allí todas tus emociones ya sea en momentos de felicidad o en los de dificultad.

El día 30 de noviembre del año 2022 yo escribí lo siguiente: "Hola soy Ema, no tengo ni un peso en este momento en mi cartera el 30 de noviembre, ojo con lo que estoy diciendo 30 de noviembre 2022 ayer se cumplieron 12 meses de ese escrito no tengo ni un peso, se acerca Navidad y estoy preocupado porque no sé cómo van a llegar los juguetes de Navidad de mis hijas, sin embargo me encuentro en un proceso que estoy seguro que pronto voy a pasar" y entonces, elabore ese dia un cheque, y yo le dije a todo el mundo que en esta fecha yo iba a tener esta cantidad de dinero.

Dios fue tan grande que me ayudó a salir del punto en el que yo estaba y hoy podría hablarte de una vida soñada, de una vida totalmente diferente, llena de abundancia en tan solo 12 meses, pensaba cómo Dios me dio nuevamente todo lo que yo esperaba y necesitaba sin tener un peso, ayer cuando estaba con la gente les decía ustedes no necesitan tener dinero para hacer dinero y hoy te digo a ti, mi querido trader que tú no necesitas tener dinero para hacer dinero, basta con un sueño un deseo ardiente y ponerse la camiseta, creare Masters Traders, no existía pero le prometí a Dios que si me ayudaba nuevamente a ganar dinero entonces yo le iba a ayudar a mucha gente a cambiar su situación económica.

Grosellero en mi vida

Mi papás son muy creyentes de Dios, al pasar por este proceso ellos lloraban, mi papá ayunaba y le pedía a Dios todos los meses que me ayudara y una vez me dijo: hijo quiero darte una bendición "Te prometo que vas a tener más dinero del que has perdido y vas a tener una mejor vida que la que antes tenías", en ese momento yo creía que mi papá solo me quería consolar y que solo me lo decía como un padre amoroso que sufrió conmigo, porque lloramos, nos abrazamos y nos consolamos. Cada semana mi papá me abrazaba y me decía hijo vas a salir, vas a estar bien.

Imaginate a Ema sin dinero, sin un peso para comer, tener que vender tus autos, casa, todo lo perdí, totalmente todo, fue increíble lo que me pasó, pero mi papá me dijo que iba a tener más y hoy festejo con mi padre que su promesa, su bendición se cumplió. La vida me dio mucho más de lo que yo perdí y se los comparto porque el medio que Dios puso en mi camino para lograrlo fue el trading.

Por eso es que yo soy un testimonio de que el trading es real y que ustedes van a ganar mucho dinero si aprenden con disciplina, porque el trading es real yo soy un testigo, soy un testimonio y cuando tú eres un testimonio de algo, tienes que gritarlo al mundo, decirle que sí existe la forma de cambiar su situación económica. Cuando estaba leyendo mi diario de hace un año y estaba pensando en el título para este capítulo, en ese momento pensé; tengo que decir a mi gente que todos somos parte de un árbol y que ese árbol va a dar frutos, pero que en el intermedio de que esos frutos lleguen, tienen que pasar por un proceso, por un tronco y antes raíz y si no cubren la raíz que es el amor, van a darse cuenta que las cosas no van a funcionar.

Por lo tanto hoy he llegado a la conclusión de que todo comienza en el amor y que un mensaje que mi hermana me compartió exactamente el 30 de noviembre del año 2022 cambió mi vida, exactamente hace 12 meses. Recuerdo el día que la estaba viendo en mi cuarto, la puse en el televisor en YouTube y de hecho les prometo que en algún momento les voy a poner esta historia ilustrada, se llama la historia del grosellero es la historia de un hombre que habla de un árbol de grosellas, resulta que un hombre viene y empieza a cortar el árbol grosellero, entonces el grosellero voltea y le dice al hombre; hombre ¿por qué me estás cortando? ¿Por qué me estás tallando? y le dice el hombre; tranquilo después lo vas a entender y entonces viene otra vez y lo vuelve a cortar.

El grosellero nuevamente le dice: es que me lastimas me duele y le responde el hombre: tranquilo después me vas a entender y entonces dice que él se imaginaba al árbol de grosellas llorando diciéndole ¿por qué me lastimas tanto? y entonces me di cuenta y descubrí que Dios nos empieza a tallar, empieza a podarnos como al árbol de grosellas precisamente cuando estamos por florecer, por crecer muy fuerte.

Entonces después dice el hombre en la historia, que el árbol de grosellas dio frutos extraordinarios, convirtiéndose en un árbol frondoso, lleno de vida, hermoso a los ojos de todos los que pasaban por allí. Hoy yo quiero decirte algo, fui tallado como el árbol de grosellas y hoy los frutos son hermosos, los frutos son ustedes, los frutos son mi comunidad de Master Traders, el fruto no soy yo eres tú, que hoy estás acá y hoy entiendo que yo tenía que pasar por un proceso duro para llegar a ustedes para conocerlos, para amarlos, yo no les iba a amar en mi otra vida, siendo el otro Ema, yo necesitaba pasar por ese proceso para ponerme al nivel de todo el mundo y decir tengo la obligación de ayudar a los demás.

Cuando yo vi ese video y vi que Dios nos tallaba y nos podaba antes de darnos esa abundancia y esos frutos de hacernos frondosos, entendí que la raíz es la parte más importante. Hoy quiero decirles algo y la raíz de todo esto es el amor, el amor que nos tenemos a nosotros mismos, yo entendí ahí que tenía que dejar de lado la parte de reprocharme lo que había pasado y aquí es donde quiero que empieces a tomar nota y acción, no te reproches, aprende.

Imaginate que sabiendo de trading no estaba haciendo trading, yo sabía lo que tenía que hacer pero no lo hacía porque estaba tan ocupado enfocado en mis problemas que no veía las soluciones, estaba tan enfocado llorando por lo que me estaba pasando que se me olvidó que yo era un Trader profesional.

Hay algo que leí en un curso que dice lo siguiente: hay una ley, que es la ley de la sustitución; tú en tu mente no puedes tener dos pensamientos al mismo tiempo, piénsalo si en este momento tú te enfocas solamente en lo que yo estoy hablando y de verdad te enfocas en tu mente, no va a haber otro tipo de pensamiento porque te estás concentrado en algo.

En el curso refieren que los seres humanos solo podemos enfocarnos en una cosa al mismo tiempo, cuando realmente te enfocas en algo entonces, buscas todos los medios para dar solución, ves estrategias, alternativas, campos de acción.

Te quiero compartir la siguiente analogía: imaginemos que tus problemas son como las luces de Navidad; te cuento que el primer día de diciembre no podré estar con mis hijas cuando enciendan las luces de navidad, este espacio es muy importante para nosotros. Sin embargo, ayer me subí a la azotea de mi casa y la ilumine con la firme intención que mis hijas en la noche cuando prendan las luces y vean adicional las de navidad, sientan que aunque su papá no está presente físicamente les dejo la casa adornada para ellas.

Te cuento que mientras colocaba las luces de mi casa estaba pensando en este capítulo y me di cuenta que las pérdidas en el trading, el dolor que se siente, lo malo que te ha pasado, podría ser como las luces de navidad. Ves la dificultad porque ellas están encendidas y lo único que tus ojos están viendo en ese momento son los obstáculos que esa luz te está mostrando. Pero mira esto, ¿qué pasa cuando tú simplemente desconectas el cable de la luz, de la corriente? ¿las luces se apagan en un instante, verdad?; lo que quiero decirte es que así tal cual me pasó, entendí que si yo apagaba y desconectaba las luces de Navidad todo se oscurecía en ese momento.

Hoy es el primer día de diciembre, del último mes del año 2023 y hace 12 meses (2022) me prometí que yo iba a terminar ese año con todas las tristezas y dolores y arrancando mi 2023 con la convicción de ser una persona exitosa, llena de abundancia, de bendiciones, rodeado de personas con un corazón grande, igual al mío y todo fue concedido y triplicado, llegaste tú, querido lector a mi vida, llego mi comunidad y nació Masters Traders, mi socio Dios creó, planeó toda la inspiración y me premio con muchas bendiciones.

Tal vez, estés en la misma situación que yo hace unos meses y sientas el deseo ardiente de que este año 2023 termine de una vez por todas, para iniciar un 2024 recargado, decretando como el mejor año de nuestras vidas, lleno de abundancia, salud, amor, unión y prosperidad.

Tal vez hoy estás en la misma situación que yo hace un año y estás a nada de entrar al 2024, la pregunta aquí es: ¿qué vas a hacer?, ¿vas a quedarte llorando o te vas a preparar para iniciar el 2024 con toda? porque estamos en el último mes del año donde los colombianos prenden velitas para lanzar sus deseos al cielo, donde la gente en el mundo come uvas pidiendo deseos, donde hace un año tal vez te prometiste que ahora sí ibas a bajar de peso, o que ibas a ganar mucho dinero, o que tendrías la vida de tus sueños.

Te digo algo, te prometo que el 2024 va a ser el año de nuestras vidas, vamos a trabajar juntos para lograr nuestras metas y propósitos, voy a estar contigo, a tu lado en el proceso y vamos a celebrar cada triunfo, pero necesitamos entender cuál es la raíz del árbol del trading y ese era el enfoque de este capítulo.

Recuerda la verdadera raíz, la semilla de este árbol siempre será el amor y cuando entiendas que todo parte desde ahí te vas a dar cuenta que las cosas salen mejor.

Y di el ejemplo de cierre de año, no importa en qué momento estés leyendo esto, no necesitas de un cierre de año para comenzar, puedes comenzar en un abril, en julio, quizá agosto, pero puedes comenzar ya.

Secreto del Rol de Canela

Hace unos días probé un rol de canela riquísimo y pregunté qué ingrediente secreto tenía; la respuesta fue el amor, el amor hace que el rol de canela sea rico, el amor hace que la comida sea rica, cuando preguntas a alguien qué le pusiste a la comida, responden, es amor, eso es lo que hace que todo funcione y los frutos llegarán pero después del amor.

Tal vez soy el único Trader loco en el mundo que habla acerca de que el amor puede convertir una persona en Trader profesional, pero no sé cómo piensan los demás, lo único que sé es que a mí esto me funcionó y por eso me siento obligado a decirle al mundo que el amor es la base de todo y por eso vamos a empezar a reemplazar nuestros sentimientos negativos, por amor.

Ahora antes de que cometas un error vas a pensar desde el amor qué pasaría en este este caso si lo que estoy haciendo, lo hago desde el amor, desde la responsabilidad, es decir, todo lo que hagas a partir de ahora, por lo menos estos próximos 31 días para que termine este año, piensa si estás haciendo las cosas con amor y por responsabilidad.

Ahora tú tienes un objetivo, una meta y tienes un vehículo para que tu siguiente año sea lleno de abundancia y de amor, pero todo depende de cómo planeas tu agenda, por eso a partir de ahora yo quiero invitarte a que comiences a planificar tu año, tu tiempo, cuanto le vas a dedicar al trading, al Backtesting de tus operaciones, a ayudar a los demás, a tu familia, a tu espíritu, a tu salud; empieza a planificar desde hoy, te prometo que si empiezas a hacerlo desde hoy tu futuro será tan brillante como nuestra fe, te prometo que sin duda verás el cambio y todo empezará a funcionar.

Conversación con las plantas

Continuando con el árbol, este necesita algunos ingredientes porque el amor no lo es todo y los frutos se van a dar, pero después de que llegue algo qué necesitamos; agua, oxígeno; no soy experto en árboles, la realidad es que no sé nada del tema, pero hasta donde tengo entendido necesitan agua, oxígeno y amor.

Mi mamá es una amante de las plantitas, ella dice que el mejor regalo que puede recibir son plantas para su casa, incluso he visto a mamá que les habla y creo que las plantas la escuchan, se ponen bonitas cuando ella les habla, yo quiero que entiendas que no solamente se trata de frutos, el tronco y semilla, sino que también tienes que regarla todos los días, darle oxígeno y mucho mucho mucho mucho amor a su árbol para que el amor entonces pueda seguir creciendo fuerte y frondoso.

He pensado algunas cosas que pueden ayudarte para convertirte en un trader rentable, sin embargo, la realidad es que no hay una estrategia 100% probada en el trading, eso es una mentira, porque el mercado todos los días se mueve diferente. La gente piensa que el mercado solo se mueve y estoy hablando para traders, al llegar a un soporte o a una resistencia y muchos lo hacen por venderte cursos y por sacarte dinero y que su estrategia es mejor que la tuya.

Te cuento que lo único que van a hacer es confundirte y voy a decirte algo, en el trading no hay una estrategia que sea ganadora, lo único que sí sé es que cuando tú tienes los conocimientos adecuados y cuando tienes un corazón abierto a escuchar la impresión, vas a tomar buenas y sabias decisiones.

Hay días en los que mis tradings son mejores que otros y me di cuenta que la fórmula para yo ser un buen Trader y es a título muy personal, es cuando estoy feliz. La alegría en mi corazón hace que mis tradings sean como si toda mi energía positiva se enfocara en mi análisis y en el mercado, todo sale a la perfección. Pero también me di cuenta que cuando yo estoy triste, cuando no tengo suficiente amor, entonces las cosas no salen como yo quisiera y noto que mi energía es algo increíble, por eso trabajo constantemente en lo que me hace feliz y cuando empiezas a trabajar en esto, te das cuenta que empiezas a crear un mundo diferente.

Hoy por la mañana por ejemplo me desperté feliz porque inicia el último viaje del año, y pensar en los países que he conocido llena mi corazón de amor y satisfacción. Desde Enero de este 2023 tuve la bendición de estar en Portugal, España, Barcelona, Estados Unidos, México, Chile, Uruguay, Brasil, Panamá, Colombia, Turquía y Chipre y no sé cuántos países se me están olvidando, pero la realidad no es presunción, solo quiero decirles que cuando mi vida pintaba para ser lo peor, ser un desastre, esto es lo que me acompañó este 2023.

Hoy me siento emocionado y desperté feliz porque hace un año no imaginé que mi 2023 iba a estar lleno de toda esta alegría, pero saben qué pienso que si mi 2023 fue así de bonito, mi 2024 va a ser todavía mejor, ¿sabes por qué? porque ahora tengo muchos amigos, una familia, una comunidad con quienes voy a compartir viajes y experiencias, seguramente estaremos en Perú, Ecuador, voy otra vez España. Viene un 2024 con más luz, abundancia y me emociono porque me doy cuenta que soy rico, muy rico, pero tengo amigos en muchas partes del mundo y ese es el mayor tesoro que yo puedo tener. Este regalo me lo dio también el trading y ya nada, ni nadie me lo puede quitar, la conexión no me la pueden arebatar y decidí nombrar este capítulo, como el árbol del trading,

He podido ver a muchos de mi comunidad iniciando sin ilusiones, así con el mismo sentir que tuve el año pasado y al mismo tiempo he podido verlos crecer en el camino y eso me hace la persona más feliz del universo, gracias a que un día tomamos una decisión basada desde el amor que es la raíz del árbol del Trader.

Puzzle familiar

Quiero terminar con la siguiente frase e historia: un día había una familia que vivía en un hogar y entonces esa familia tenía un rompecabezas, en inglés es puzle; un día en la casa, la mamá hizo un puzzle y se lo dio a la familia. Entonces este puzzle se los puso ahí a la familia, a los hijos, al papá y a todos y nadie podía armarlo y con el tiempo se notaba la preocupación y angustia porque llevaban horas y horas y no lo podían unir y finalmente.

La mamá dijo les tengo una sorpresa, quiero que le den la vuelta a todas las piezas del puzzle. Entonces los hijos hicieron caso y se dieron cuenta que en la parte de atrás había una foto familiar, a lo que dijeron, que así es más fácil unir el puzzle porque es nuestra familia. Comenzaron a unirlo porque ya sabían todos dónde iba el papá, la mamá, el hijo, hasta el perro, entonces empezaron a unir el puzzle con rapidez.

Lo que nos deja como lección es que cuando tú entiendes que la familia y el amor es la parte principal de todas las cosas, entonces todas las piezas cuadran de una forma más rápida. Yo quisiera pensar en un puzzle de mi comunidad, pero quiero que ese puzzle sea un corazón y en el centro debe estar Master traders, me lo imagino así, ya que la raíz de este árbol es el amor y por ende es un proyecto de bendición y abundancia del que todos formamos parte.

Un amigo, me envió un mensaje, que decía: "yo te quiero decir una cosa, soy muy bendecido por ser miembro de tu comunidad, porque Dios está en este proyecto y este proyecto un día va a llegar a inundar toda la Tierra y yo estoy seguro que eso va a ser real, porque estamos personas que tenemos un gran corazón". Entonces yo pensaba en ese momento en la operación andando y así como hoy el oro se fue hasta las nubes y cuando mucha gente no creía que esto podría pasar, ante la incertidumbre de que hablaba Jerome Powell y con el miedo de la gente, yo me atreví a enviar una señal y decirles que el precio iba para arriba, porque yo estaba seguro que al final aún con mucha manipulación en el mercado, esto iba a suceder porque estamos de la mano de Dios y él marcará el camino correcto del precio y vamos a poder llegar muy muy lejos.

Solo recuerda que la raíz del árbol es el amor y que cuando tú entiendas que el árbol del trading va a dar frutos, pero que esos frutos necesitan un proceso para crecer y formarse, colocarás todas tus energías para ser fructífero en el proceso y va a llegar el día en el que esos frutos van a estar presentes en sus bolsillos y para sus familias. Hoy yo soy un testimonio de que el trading es real, y que aún cuando puedes perderlo todo y no tener un solo peso, llega el trading y llega a Dios, la mejor combinación en la vida de un Trader y lo complementa el conocimiento.

Cuando tú tienes el conocimiento del trading, y tienes una creencia y un nivel de confianza en Dios, entonces viene la abundancia y los frutos se dan. Comparto mi testimonio para que veas que si se puede y que tú, amigo lector, vas a llegar a ser un trader rentable como yo. Cuando ustedes descubran su verdadero propósito en la vida y entiendan que sus trades van a ser bendecidos cuando ayuden a los demás y vean que el el éxito en la vida no se mide por la cantidad de dinero que yo tengo, sino por la cantidad de personas a las que tengo la bendición de ayudar, los resultados llegarán por sí solos.

Capítulo 7

Mi Legado

Hemos llegado al final de este libro y quisiera dejarte algunas recomendaciones que considero podrían ser de mucha importancia para tu vida como trader rentable.

Primer Principio

El primer principio que quiero que quede siempre grabado en tu mente es la **confianza,** confía con tu corazón en todo lo que estás haciendo, confía en tus análisis, confía en tus operaciones, no permitas que el miedo rompa con tu confianza. Tu nivel de confianza debe ser tan alto que el miedo te tenga miedo, qué tus manos se congelan ante las ganas de cerrar una operación.

Confiar en ti como trader rentable no sólo elevará tu autoestima, sino que también te hará más fuerte mentalmente para controlar tus emociones.

Cuando tus ojos estén frente al gráfico eleva tu nivel de confianza, aplica con responsabilidad lo que has aprendido y una vez que tomes una decisión confía en ella. Si la operación será o no será ese es un tema que no debería afectar tu confianza.

Dentro de este mundo de velas, tendencias, líneas y más existen personas con un nivel de confianza bajo, sin embargo, cuando la persona que está frente al gráfico eleva su nivel de confianza terminará obteniendo los resultados deseados.

Segundo Principio

El segundo principio que quiero recordarte es **disfrutar del proceso**, a menudo estamos tan concentrados en la tendencia, en los bloques de órdenes, en la liquidez del mercado o quizás en las noticias fundamentales que están a punto de ocurrir, que olvidamos lo más importante del Trading y de la vid,a que es disfrutar lo que hacemos cuando lo hacemos.

Así que quiero dejarte una invitación con todo mi corazón, disfruta todos tus Trades, disfruta cada día que estés frente al gráfico, qué cada sesión operativa sea una experiencia de gozo y alegría. ¿Te imaginas dedicarte a esto toda tu vida y pasarla siempre de nervios? ¿O peor aún te imaginas dedicar tanto tiempo de tu vida a estar frente al gráfico para pasarla siempre mal? Mi intención con este consejo es dejar siempre claro que disfrutar el camino es la parte principal que te llevará a tu rentabilidad, cuándo pierdas agradece cómo te lo enseñé en una carta al final del capítulo los errores más comunes del Trading.

Disfruta del proceso, toma con buena actitud lo bueno y lo malo, recuerda que un mal día no define el tipo de persona que eres, y lo más importante agradece pase lo que pase.

Una de las cosas que más me ha ayudado a disfrutar mis trades, es procurar descubrir algo nuevo cada día. Cuando hagas una operativa piensa que cosa nueva puede enseñarte el mercado este día, hay un dicho que me encanta que dice así; "el que busca encuentra". Y creo que esto aplica para todo, incluso para el Trading. Enfocarte en encontrar cosas nuevas te irá definiendo como un gran trader. Imagínate que gracias a que estás aperturando tu mente, buscando cosas únicas dentro del mercado irás descubriendo zonas, puntos, y muchos tesoros más.

Hay demasiadas personas que se dedican a encontrar tesoros y lo hacen más que por el beneficio por la emoción de imaginar que es lo que pueden encontrar, imagínate que a partir de hoy al estar frente al mercado, cuando te sientes frente al gráfico tu mente tendrá un nuevo objetivo que no sólo será un Take Profit sino que también será descubrir algo nuevo. Si al término de la sesión operativa en la que estás ese día no has aprendido nada o no has encontrado algo nuevo creo que ese día has desperdiciado una gran oportunidad.

Tercer Principio

El tercer principio que me encantaría dejarte como recordatorio es que **desarrollas una nueva conciencia**, Y quizá la palabra conciencia tiene demasiados significados, pero yo quisiera enfocarme en lo más simple. ¿Recuerdas cuando eras pequeño y te decían que escucharas a tu conciencia?. Recuerdo una de mis películas favoritas en mi infancia, Pinocho tenía conciencia y ésta era un grillo y él le ayudaba a tomar decisiones correctas. Pinocho no era muy amable en ocasiones con el grillo, sin embargo, el grillo trataba de estar siempre con él y ayudarlo a tomar decisiones correctas. Imagínate que tienes una conciencia en el Trading, ¿cómo cuidas a esa voz que te ayuda a tomar decisiones correctas?.

Quiero que comiences a partir de hoy a nutrir esa conciencia, inspírate en los deseos de tu corazón y el contenido que tienes en tu mente. Y esta parte es muy poderosa porque significa entonces que para que tu conciencia inspire cosas correctas deberás cuidar principalmente aquello que acumulas en tu mente y en tu corazón. Y es que este tema es tan importante porque aún los pensamientos que nadie escucha te hacen tomar decisiones correctas o incorrectas. ¿Te das cuenta de la importancia de cuidar lo que piensas, lo que dices y lo que sientes?

Te invito con el corazón en la mano a qué desarrolles una nueva conciencia, no importa como pensabas antes de leer este libro, lo que realmente importa es quién eres después de leerlo. Me emociona imaginar a un trader leyendo esta parte y quizá etiquetando en una publicación agradeciendo por el nuevo despertar de conciencia que tendrá a partir de hoy. Ese día será mágico para mí porque de verdad atesoro el momento en el que se descubra la nueva conciencia del Trading.

Cuarto Principio

El cuarto principio que me gustaría dejar marcado en este capítulo final es el siguiente: **"emociónate todos los días"**

Para comenzar este cuarto principio me encantaría contarte una historia y es la historia que se titula "el perfume". Una persona compró un perfume, se lo llevó a casa y después de una semana regresó para pedir la devolución de su dinero en la tienda, al llegar ahí le preguntaron qué a qué se debía que la persona estaba tan molesta exigiendo la devolución de su dinero. La persona contestó que el perfume no había funcionado, qué había dejado de oler. Entonces las personas de la tienda se acercaron al hombre y le dijeron, señor, pero huele riquísimo, el hombre dijo es que por más que me esfuerzo el olor no llega a mi nariz. Entonces las personas en la tienda le explicaron al señor que cuando usa el perfume todos los días su nariz termina por acostumbrarse a él y termina dejando de apreciar el aroma.

Pasa similar con los seres humanos, la mayoría terminamos por acostumbrarnos a las cosas y por eso dejamos de admirar su valor. Piensa cómo te sentías cuándo conociste el mundo del Trading, seguramente tenías mucha ilusión, te querías comer el mundo, querías devorarte todos los cursos y videos que existen en plataformas. La emoción era tan grande que pensabas que tu vida iba a dar un giro tremendo de un momento a otro, después te acostumbraste y te olvidaste del sentimiento.

Algo muy similar pasa con los trabajos, con las parejas, incluso con las cosas que tenemos. Terminamos por acostumbrarnos a lo que hacemos, decimos o tenemos que olvidar el olor que tienen.

Acostumbrarnos a algo es una de las peores cosas que existen en el mundo, cuándo yo entendí esto decidí tomar acción, hice lo siguiente; comencé todas las mañanas antes de mi sesión operativa a recordar el momento cuando comencé en los mercados financieros, te invito a hacer este ejercicio, cierra tus ojos y comienza a recordar el día que el Trading llegó por primera vez a tu vida, ¿cómo te sentías? ¿Qué veías? ¿Cuál era tu motivo? ¿Quién te inspira? ¿El día estuvo nublado o soleado? ¿Ah que olía? Te prometo que si te trasladas a ese primer momento tu energía debe cambiar enseguida, tú emoción debe cambiar, Y sin duda alguna estoy seguro que te sentirás agradecido por haber tomado esa decisión.

Agradece por haber dado el primer paso, agradece por estar hoy aquí, agradece porque puedes estar frente al gráfico, muchas personas no tienen la dicha de poder ver lo que tú estás viendo, por eso olvida la costumbre, olvida que te has acostumbrado a lo mismo, Y procura que este día sea una nueva y enriquecedora experiencia frente al mercado. Emociónate todos los días, siente como si fuera el día uno cuando comenzaste, trata de llevar tu mente a esa primera impresión, te prometo que la emoción de ese primer día será el mejor amuleto para comenzar hoy.

Quinto Principio

El quinto principio que quiero recordar para ti es **"elevar tu energía siempre en positivo"** Y es que este es uno de los principios más importantes que existen, quisiera por un momento que te imagines que estás en un restaurante y tienes tres tipos de personas trabajando contigo, la primera es la persona que está recibiendo a los clientes en la entrada, la segunda es el mesero que atiende a las personas y la tercera es el chef que está en la cocina.

Imaginemos dos escenarios, el primero lo haremos con una energía positiva, ¿cómo crees que recibiría la persona que está al ingreso del restaurante a todos los clientes si tuviera su energía vibrando siempre en positivo? Seguramente los clientes sentirán una emoción de entrar y la energía positiva que transmite quién está en el ingreso será de una manera eficiente.

Ahora quiero que imagines al mesero, su energía es increíblemente positiva y transmite a los comensales esa paz y tranquilidad que requieren para disfrutar su estancia en el restaurante.

Ahora quiero que pienses en el chef que está en la cocina, imagina que está escuchando música,seguramente está bailando, imagina la sonrisa que este hombre tiene. ¿Cómo crees que serían los alimentos preparados por una persona cuya energía está vibrando en sintonía con tu visión como dueño del restaurante?. Estoy seguro que no solamente el mesero, el chef y la persona del ingreso estarán vibrando en la misma línea, estoy seguro que aún los clientes serán contagiados por la buena vibra del lugar y esto creará una experiencia que seguramente nunca olvidarán y terminarán por regresar.

Ahora imaginemos el segundo escenario y este debería ser un escenario completamente diferente al anterior es decir el chef molesto, enfadado, quejándose de todo, ¿cómo crees que serían sus alimentos? Imagina también el mesero con una actitud negativa, acercándose el cliente con cara de pocos amigos. ¿Y qué me dices de la persona que está recibiendo en el ingreso del restaurante? ¿Qué energía transmitirá a las personas que están a punto de ingresar? Estoy seguro que con el segundo escenario los clientes no regresarán.

Aunque es un ejemplo muy básico, sencillo y cotidiano, es un ejemplo que refleja la realidad de la vida. Y quiero decirte que en los mercados financieros es exactamente igual. Si tu actitud es positiva te prometo que tus ojos se abren para ver en el mercado lo que realmente es. Cuando tú actitud es negativa lo más seguro es que las cosas no terminarán bien.

Estoy convencido que la actitud es una de las principales fuentes de éxito de cualquier industria, yo soy un testimonio real de qué una actitud positiva te puede sacar de dónde estás y llevarte a donde deseas. Con actitud puedes conquistar cualquier terreno, sin ella te vas a sepultar en todo lo que hagas. Eleva tu energía siempre positiva.

Cuando estés frente al mercado permite tener una energía positiva, cuándo estás esperando una operación afirma resultados positivos, cuándo estás esperando una noticia fundamental atrae lo bueno de tu vida. Yo te hago una promesa como trader rentable que soy y es que cuando hagas esto los resultados positivos llegarán.

Sexto Principio

El sexto principio que deseo quede plasmado en este capítulo final es el siguiente: **"Busca lo espiritual"**

Estoy totalmente convencido que nada viene de la nada, creo fielmente que todo lo que hoy vemos es y ha sido creado por alguien. Ese ser Superpoderoso que seguramente nos puso hoy aquí. A menudo hago un ejemplo en mis conferencias, y es invitar a las personas a poner su mano en su corazón y procurar sentir un poquito el latir del mismo. La mayoría de las personas cuando hacen este ejercicio recuerdan que tienen algo dentro que se está moviendo sin que ellos siquiera lo piensen.

Y en verdad piénsalo, tienes un aparato perfecto que hace que hoy estés aquí frente a mí leyendo este libro, te lo voy a poner sencillo, si hoy ese corazón no estuviera latiendo tú ni siquiera tendrías este libro en las manos. ¿Te das cuenta lo poderoso que esto es?.

Lo triste es que en muchas ocasiones nos pasa como el ejemplo del perfume que te comenté, nos acostumbramos tanto a nuestro corazón que creemos que siempre debe de latir, nos hemos acostumbrado tanto a que sin necesidad de encenderlo siempre automáticamente está trabajando como un robot 24/7.

Pero la realidad es que no es así, ese corazón se mueve porque alguien quiere que se mueva, ese mismo alguien que permitió que este libro llegara a tus manos, yo no sé cómo llegó, pero sé que lo tienes hoy y que lo estás leyendo. A menudo, me gusta preguntarme y preguntarle a los demás cómo es que llegaron conmigo, algunos dicen que por invitación de otros, otros que por anuncios en redes sociales y otros simplemente porque me vieron en una conferencia y qué más da, no importa cómo llegaste, pero me emociona siempre buscar el inicio de nuestra experiencia. Y al final siempre deducimos una sola cosa con todas las personas que lo pensamos y es la siguiente; Dios en su infinito amor permitió que tú y yo nos conociéramos en este mundo. ¡Me emociona tanto pensar que en un mundo tan grande con tanta gente, con tantos expertos llegaste conmigo, sin duda esto es un milagro!

Yo creo en los milagros y creo que todo pasa por algo y para algo y creo que cada persona que se cruza en mi camino es porque estaba destinado a que así fuera y por eso me emocionó tanto, por qué estaba predestinado que tú y yo un día nos conociéramos y por qué simplemente en el libro de tu vida y de la mía estaba escrito que hoy estaríamos aquí frente a frente. Y entonces tanto el ejemplo del corazón como el ejemplo del milagro estoy totalmente seguro que alguien tiene todo que ver.

A menudo al hablar de dinero, pensar en él y ganar tanto dinero, hace que nos olvidemos de la fuente principal que hoy nos trajo aquí. Parte de lo que yo aprendí en la historia que te compartí es que nunca debemos olvidar quién nos trajo aquí, ese ser amoroso que ha permitido que este éxito llegué a tu vida y a la mía y es que a menudo yo comparto con toda mi comunidad que el dueño de mí academia se llama Dios, qué yo solamente soy un empleado que está siguiendo sus instrucciones, pero que Dios es el jefe de jefes en mi vida, en mi Trading y en mis éxitos.

Estoy seguro que te convertirás en un trader rentable, lo lograrás y llegarás muy lejos, lo que no estoy seguro y deseo en esta parte del libro dejarlo muy claro, es que nunca te olvides de aquel que te trajo hasta aquí. Debo de dejar muy claro qué Dios es quien ha escrito e inspirado cada parte de este libro, él es quien me ha traído hasta este gran éxito en mi carrera, gracias a él y sólo por él, yo logré tener una comunidad gigantesca, todo cuánto tengo en bienes materiales y espirituales han sido otorgados por él, los dones que los demás ven en mi vida no son otra cosa más que la muestra de su amor por mí.

Hoy yo quiero invitarte a que recuerdes siempre a mi socio, quién debería convertirse en tu socio, no hay nadie mejor que él, es el mejor Trader, él conoce los mercados, él sabe lo que va a pasar, él conoce las noticias antes que tú y que yo, y te prometo que cuando jugamos de su lado, siempre nos inspira las decisiones que debemos tomar.

Muchas personas en mi comunidad han sido testigos en vivo y en directo de los éxitos que Dios me ha dado, han sido el testimonio real de cómo incluso en las noticias fundamentales mis análisis se vuelven realidad, muchas personas han visto cómo el mercado siempre se va a mi favor, incluso cuando todo parece en contra, a menudo me preguntan cómo lo hago, ¿regularmente me dicen cuál es el secreto? El secreto además de tener el conocimiento es saber escuchar la voz de ese socio que siempre está conmigo.

Yo no podía dejar pasar esta parte en el libro para dejar enaltecido al mejor trader del mundo, al mejor socio a la mejor voz, al mejor de todos, a mi DIOS.

Nunca te olvides de él, confía en él con todo tu corazón y no dependas de tu propio entendimiento, Y nunca te olvides de esta parte tan importante en este capítulo.

Séptimo Principio

Te comparto el séptimo principio que quiero que recuerdes siempre: "Reconocete como abundante"

Aunque en uno de los capítulos te enseñé a hacer declaraciones y afirmaciones positivas debo dejar muy en claro que muchos de los traders que están en el mercado no se sienten merecedores de los resultados. No dimensionan el poder tan grande que existe en sus palabras, no se dan cuenta que tienen el poder para crear lo que quieren en su vida, Y déjame decirte algo real y es que si tú no crees que eres capaz de tener resultados positivos, estás en lo correcto y nunca llegarán esos resultados a tu vida. Por otro lado, si tú crees con todo tu corazón que los resultados positivos llegarán, te prometo que vendrán a tu vida. Pero todo nace del cómo te sientes, si tú crees que eres merecedor de obtener los Profits los vas a obtener.

Al inicio de mí Trading en muchas ocasiones dude de mí potencial, veía traders tan avanzados que no creía que yo podría llegar a ser uno de ellos, los veía como alguien inalcanzable, los veía como persona súper poderosas, Y hoy quiero decirte un secreto, nosotros los "exitosos" somos idénticos a ti, tenemos dos manos, dos pies, dos ojos y un cerebro al igual que tú. No tenemos diferencias físicas o palpables, las diferencias que tenemos son mentales.

Así que a partir de ahora, cuando te sientas inferior a otro, recuerda que la única inferioridad está en tu cabeza, Y donde tienes que trabajar es en tu cerebro, si quieres lograr tener los resultados que yo tengo tienes que pensar como yo, tienes que trabajar en elevar tu conciencia como yo, tienes que comenzar a actuar como yo. Y no estoy diciendo que yo sea el mejor, pero si has leído mi libro hasta esta parte final seguramente tengo un poco de tu respeto, Y si algo de todo lo que te he hablado te ha inspirado lo único que quiero dejarte claro es que si yo pude tú puedes, Y recuerda siempre esto "cómo te ves yo me vi cómo me ves estarás"

A menudo platicando con traders, escucho lo mismo. ¿Cuándo les preguntas cómo están? ¡Normalmente la respuesta está ahí pasándola! ¡Más o menos! ¡Aquí sobreviviendo! De hecho, un día le pregunté a alguien, cuál era su sueño en la vida, esta persona me respondió yo no tengo sueños yo sólo quiero sobrevivir, estar vivo y que pase lo que tenga que pasar.

A menudo hay muchas personas que viven sólo por vivir, qué olvidan sus sueños porque quizá alguien les ha hecho sentir que no sean capaces de lograrlos. Hoy quiero decirte que un día me hicieron sentir inferior, creer que soñar no me traería nada positivo, que si me alejaba del Trading me iba a ir bien en la vida. Un día alguien quiso cortar mis alas, pero doy gracias a Dios que llegó en el momento correcto a mi vida para recordarme que yo era un ser abundante, exitoso y creador.

Hoy quiero hacerte una gran invitación, a partir de ahora cuando una persona te pregunte cómo estás, reconócete como abundante, cuándo llegues a un lugar hazte ver como una persona abundante, ten mucho cuidado es importante, no parecer grosero ni orgulloso, antes bien mantente humilde pero abundante. Piensa siempre en abundancia, cuándo hables de dinero piensa en abundancia, cuando compres comida para tu hogar hazlo con abundancia, no pienses en el dolor del bolsillo, piensa en la satisfacción de tu familia, cuándo vayas a regalar algo hazlo desde la abundancia, cuándo entregas propinas a los demás hazlo con abundancia.

La ley de la siembra y la cosecha es real y nadie cosecha lo que no siembra, así que hoy desde mi experiencia y mi éxito te invito a sembrar la abundancia. Te prometo que si eres abundante cosechas abundancia. Cuando estoy en un centro comercial y alguien empaqueta lo que llevo siempre me gusta dar abundancia, no doy las monedas que me sobran sino doy mucho más de lo que las demás personas darían.

Y no lo digo por presunción, lo digo por enseñarte entre más das, más recibes. La pregunta es ¿no la recibes? ¡¡¡Piensa que quizá no estás dando!!! Te invito que a partir de hoy comiences a dar desde la abundancia de tu corazón, te invito con todo el amor del mundo a que comiences a reconocerte como un ser abundante, actúa como un hombre abundante, te prometo que al hacerlo la abundancia llegará a tu vida por todas las partes posibles. El mercado se encargará de entregarte toda la abundancia que te mereces en tu vida, tus resultados serán la cosecha de la abundancia que has atraído a tu vida. Reconócete siempre como abundante.

Octavo Principio

El principio número ocho es realmente un tema que toqué en la introducción de este libro en el primer capítulo que pudiste leer, yo te decía "inicia mintiendo y terminarás creyendo"

No tienes idea del potencial que tiene esta frase y de todo lo que vas a alcanzar cuando pongas en práctica este principio.

Esto es simple ¿quieres ser abundante? Comienza por parecer un hombre abundante, aunque no tengas ni un peso en la Bolsa. Camina y sonríe como si tuvieras millones en tu cuenta bancaria, festeja como si tuvieras el carro de tus sueños. Te darás cuenta que iniciaste fingiendo y terminarás siendo.

Recuerdo mis inicios en el Trading, mi capital no era muy grande y tenía que poner lotajes muy pequeños, por obvias razones los resultados del día eran muy bajos y eso me daba vergüenza. Sentía que no impresionaría a nadie y que las personas lejos de motivarse, se burlarian de mis ganancias que no superaban ni siquiera tres dólares. Estaba tan equivocado, pero en ese momento lo único que me importaba era que los demás creyeran que lo estaba logrando.

Así que decidí abrir una cuenta en demo y ahí utilizaba lotajes muy grandes, de esa manera los demás pensaban que yo estaba siendo el más exitoso del mundo. Acepto que estaba mintiendo y pido una disculpa por ello, sin embargo, me gusta más pensar que estaba fingiendo y engañando a mi mente para que terminara creyendo. Me di cuenta que entre más escuchaba voces positivas diciéndome felicitaciones, mi mente más estaba creyendo que era capaz de lograrlo.

Evidencie que el poder que yo estaba dándole a las palabras de los demás sobre mi persona me estaban impactando de gran manera. Quizá los resultados no eran verdaderos, pero las palabras de las personas hacia mí sí que lo eran y estas me estaban impulsando a ser un ganador. Más tarde me di cuenta que ahora los resultados eran reales y lo que inició como un juego se convirtió en una realidad. Por eso yo quiero invitarte con el corazón en la mano a que comiences a fingir que eres un trader rentable, que ya eres abundante, que tienes los resultados, enfócate siempre en lo positivo, habla siempre de resultados, siempre de triunfos y éxitos y te prometo que terminarás logrando ser la persona que fingías ser.

Noveno Principio

El principio número 9 que voy a compartirte es muy poderoso y tiene que ver con un sueño real que tuve una mañana, titulará esto como un mensaje al despertar 555.

Una mañana me desperté a las 5:55 de la mañana, cuando vi este número repetido me causó mucha felicidad porque como ya expresé al inicio de este libro, un día alguien me enseñó que del cielo se comunican con nosotros a través de los números repetidos. Sin embargo, es un tema que no corresponde en este momento, solo puedo decir, que soy fiel creyente de qué el universo se comunica con nosotros a través de diferentes formas.

Esta mañana que miré el reloj y era un número repetido traté de identificar cuál era el mensaje que yo tenía que recibir en este momento, me puse a pensar en mí noche y qué es lo que había soñado ese día, de inmediato tome un papel y un lapicero y comencé a escribirlo antes que olvidara los detalles. Lo que te voy a contar es algo real y espero que lo tomes con el mismo valor de importancia y respeto que yo lo tomé.

Esa noche yo tuve un sueño, vi miles de personas con una sonrisa en su rostro, otras tenían lágrimas y algunas estaban corriendo para abrazarme. Yo me acerqué a la mayoría de ellas en mi sueño y al hablar todas expresaban gratitud y lealtad, todas estaban felices por lo que yo estaba sumando en su vida, vi a muchos cambiar su situación económica de forma radical, inspirar a otros, el sueño era increíble.

Habíamos creado una comunidad de traders gigante en la cual estábamos ayudando y bendiciendo a muchas personas. Compartimos con miles esta gran habilidad de leer los mercados financieros, contribuimos e inspiramos a muchos sobre cómo el Trading podría ser una fuente de ingresos para las personas.

En su gran mayoría se quedaron, pero también algunos se marcharon. Me dolía cuando veía que algunos se rendían en el camino, trataba de correr y abrazar a los que se estaban alejando, invité a los que seguían conmigo qué tratáramos de rescatar a esas personas, sentí un amor muy grande, sentí una necesidad gigante de ayudar a los demás y al escuchar a muchos de mis estudiantes en ese sueño me di cuenta del valor y la importancia que yo tenía en sus vidas. En ese sueño yo les prometí a muchos de los que estaban ahí conmigo que siempre les ayudaría, les prometí que siempre estaría con ellos, les prometí que velaría por ellos, Y les prometí que crearía mi propia comunidad para apoyarlos siempre.

Cuando me desperté tenía sentimientos encontrados, felicidad y tristeza, Y entendí que tenía una gran obligación, que en mi sueño yo había sido llamado, que mi naturaleza era de liderar y ayudar a otros. Entendí el potencial tan grande que tenía en mi vida y entonces decidí poner acción y manos a la obra. Ahí fue donde decidí crear mi propia academia de Trading totalmente gratuita, esto involucra muchos gastos e inversiones para tener las plataformas necesarias, pero nada de eso me importaba, en ese momento solamente pensaba en mi sueño y en las miles de personas que estaban en él, esas personas a las que yo amaba en ese sueño, esas personas a las cuales yo les había hecho una promesa, yo tenía que encontrar esas personas.

Decidí lanzar mi propia academia, estaba solo, pero con una ilusión muy grande, sabía que llegarían esos miles de personas que estaban en mi sueño, cómo iban a llegar esas personas? No tengo la menor idea, lo único que sí sabía es que llegarían porque yo les prometí ayudarlas.

Hoy después de algún tiempo con mi academia, puedo asegurarte que de una manera milagrosa fueron llegando esas personas del sueño, mis ojos han visto a muchas personas con gratitud acercarse a mi vida, me siento tan feliz y agradecido porque estamos encontrando a las personas con las cuales hice un compromiso, el compromiso de servirle siempre.

Esta mañana a las 5:55 de la mañana me di cuenta que tenía una gran responsabilidad y que en ese sueño yo había sido llamado para bendecir e inspirar la vida de miles de personas. Hoy me siento sumamente feliz, recuerdo ese mensaje al despertar del universo y me emociono bastante, me emociona la cantidad de personas que había en mi sueño, pero también siento una gran responsabilidad porque aún no están todas las que yo vi en ese momento.

Quiero decirte que el hecho de que estés leyendo este libro significa que eres parte de ese sueño, eres parte de ese mensaje al despertar, por alguna razón este escrito está llegando a tus manos, Y eso me emociona bastante porque quiere decir que cada vez más nos estamos acercando al cumplimiento de ese sueño.

El mensaje que quiero dejarte en este principio es el siguiente, haz caso siempre a los mensajes que el cielo tiene para ti, se obediente a los llamados que lleguen a tu vida, sé humilde para aceptar las cosas que tienes que hacer, procura estar siempre en la frecuencia correcta para poder recibir la información. Deseo que puedas estar atento siempre a los llamados que la vida tiene para ti.

Creo que las cosas buenas le pasan a la gente buena, por eso hoy quiero invitarte en esta parte del capítulo a que busques siempre ser una buena persona. Y deseo con todo mi corazón que un día ese sueño de ver a miles rentables se lleve a cabo, Y deseo que tú mi querido lector seas uno de esos miles.

Décimo Principio

El principio número 10 que me gustaría dejar escrito es el siguiente: "Mantente cerca de la llama"

Cómo te conté en el principio anterior, en mi sueño veía a muchos alejarse, y vi como los sueños de muchos se rompían y se rendían antes de tiempo. Si tan sólo tú pudieras ver al futuro como yo lo he visto en mi propia vida y si tan sólo pudieras sentir un poquito del éxito y de lo emocionante qué se siente estar en mi posición te aseguro que nadie se rendiría.

Pero también estuve desde el otro lado sintiéndome devastado, que no avanzaba, sintiendo que de pronto las cosas no se me daban. Te entiendo a la perfección, pero regálame ese beneficio de la duda, regálate a ti mismo la oportunidad de creer con fe en el futuro, regálame esa creencia que te estoy pidiendo como alguien que ya lo logró, regálame esa confianza en ti mismo y que te lo dice alguien que ya ha recorrido el mismo camino que estás apunto de recorrer. No te des por vencido, no te rindas cuando esto apenas inicia, por más obstáculos que aparezcan en tu vida recuerda siempre esto

Algo que me entristece de algunos traders es lo siguiente, una vez que aprenden y se hacen rentables se alejan de la comunidad, Y no está mal, la realidad es que convertirse en rentables es la meta final, sin embargo cuando veo las historias de los demás y veo lo mucho que han cosechado gracias a lo que aprendieron con nosotros, me entristece un poco pensar que ya no están cerca y cuando me acerco hablar con algunos me dicen Ema estoy muy agradecido por todo lo que me enseñaste, porque me hiciste rentable, pero cuando les pregunto porque se alejaron de la comunidad muchos me responden porque quiero hacerlo por mí mismo.

Hacerlo por sí mismo no está mal, sin embargo, alejarse de la comunidad sí que lo está y te voy a explicar por qué, imagínate que juntos somos una llama de fuego y que cada persona es un leño, entre más cerca te encuentres de la llama estarás cumpliendo tu propósito como leño, pero entre más te alejes de la llama, más te alejas del fuego, te alejas de encenderte, te alejas de tu propósito como leño. Yo quiero invitar a todo aquel que lea mi libro a que se una a nuestra comunidad, es gratuita 100%, la comunidad es una familia, nos amamos, nos respetamos, nos cuidamos y velamos por los intereses de los demás.

Alejarte después de tener éxito solamente me hace pensar en una historia que enseñó Jesús en la Biblia, ¿cuándo él sanó a 10 leprosos, de los 10 solamente regresó uno y Jesús le preguntó dónde están los otros 9?

Me ha pasado algo muy similar en ese tiempo enseñando a los demás hacer Trading, muchos aprenden vuelan y se van y eso me encanta porque al final mi sueño de bendecir la vida de muchas personas se ha cumplido a cabalidad, sin embargo, es una cantidad mínima la que regresa y se queda fiel y leal a nuestra comunidad. Lo que yo quiero dejarte en esta parte como principio es que te mantengas siempre cerca de la llama, cerca de la comunidad que te vio nacer y qué te ayudó, cerca de tu familia de traders y que la cuides con lealtad.

El mantenerse cerca de la llama siempre será muy eficaz, sobre todo si no estás teniendo los resultados que esperas, si es así por favor no te alejes de la llama, entre más cerca te mantengas de alguna manera el fuego llegará a ti. Cuando te sientas más desanimado acércate a la familia, cuando te sientas triste conéctate a las sesiones de trading, las sesiones no solamente son para los exitosos, ¡las sesiones son para todos!. Amemos a todos por igual, al rentable y al no rentable porque todos pasamos por el mismo proceso, y aunque aparentemente no tiene mucho que ver que tú estés operando con nosotros todos los días después de ser rentable, quiero decirte que tu experiencia, tus resultados y tu testimonio puede bendecir al que recién está comenzando, quizá una palabra tuya haga que alguien que estaba a punto de rendirse no lo haga. Así que si eres exitoso o no lo eres mantente siempre cerca de la llama.

Onceavo Principio

El principio número 11 que quiero compartir contigo es el siguiente: "Comienza imitando y termina siendo"

Cómo lo he mencionado anteriormente imitar es una de las mejores oportunidades que tienes en la vida para poder hacer cosas exitosas, la mayoría de las franquicias en el mundo que son rentables es porque replican el modelo de negocios que funciona en todas. Es decir, una vez que encuentran un modelo probado y comprobado lo replican en todas sus sucursales de la misma forma sin variar nada, esto es lo que da el éxito en una franquicia internacional.

Quisiera que vieras tu operativa de la misma forma como un gran empresario podría ver una gran franquicia internacional, mi modelo de operativa funciona a la perfección, de hecho son demasiadas las personas que todos los días ganan dinero gracias a mis análisis, pero no es la operativa sino la estrategia lo que hace que esto sea funcional, ahora que yo tengo el modelo de negocios comprobado lo único que necesitas es replicarlo en tu propia operativa.

Para esto quisiera que todos los días te conectes a mis sesiones, para que literalmente aprendas a leer el mercado como lo hago yo, te invito a ti lector para que a partir de ahora todos los días nos veamos en clase. Y eso no quiere decir que yo sea mejor que tú, lo único que quiere decir es que si hasta este punto del libro me consideras una persona de respeto, quisiera mostrarte qué es lo que yo veo cuando analizo el mercado.

Quiero mostrar mi estrategia de una forma 100% gratis, no pretendo cobrarte nada pero sí quiero que comiences a copiarme todo, que encuentres las mismas oportunidades que yo dentro del mercado y que cada que yo haga un movimiento te preguntes porque lo estoy haciendo. Estoy seguro que sí analizas mi forma de operar y comienzas imitándome terminarás siendo el trader rentable que aspiras.

Doceavo Principio

El principio número 12 que quiero compartirte es el siguiente: "Muchos son los llamados y pocos los escogidos"

Seguramente has escuchado esta frase en la Biblia, creo totalmente en esto. Si tienes una carrera universitaria quisiera que te remontes al momento en el cual ingresaste por primera vez a la universidad, ¿cuántos comenzaron el semestre y pregúntate cuántos lo terminaron? ¿Cuántos pasaron el siguiente semestre y cuántos lo terminaron? ¿Cuántos siguieron avanzando en la licenciatura y cuántos terminaron? Estadísticamente se dice que solamente un 10% de la gente que ingresa a una carrera universitaria culmina.

Algo muy similar sucede con un maratón, se registran cientos o miles de personas, sin embargo, solamente un 10% regularmente es el que llega a la meta. ¿Y por qué pasa esto? ¿Por qué tantas personas se rinden a mitad del camino? La realidad es que respuestas hay demasiadas, pero encausándolo en el título de este principio, quisiera que pienses que muchos son los que participan, pero poco son los que terminan.

Hoy quisiera que vieras el trading desde esta perspectiva, que bases tus metas con este principio. ¿Piensas que eres un escogido? ¿Piensas que eres diferente? ¿Te has sentido alguna vez que no piensas igual que las demás personas? Déjame decirte que seguramente sí lo eres. ¿Cuánta gente hay en este mundo? ¿Cuántos mentores superpoderosos existen en este planeta? ¿Cuántos videos en plataformas existen hablando sobre los mismos temas?. Y entre tantos millones coincidir hoy aquí conmigo, ¡¡¡Eso no es una coincidencia!!! ¡Eso tiene un gran motivo! El motivo es que tú fuiste escogido de entre tanta gente y por alguna razón ajena a ti y a mí hoy estás aquí.

Quisiera que pienses cuántas personas en tu familia conocen del trading, estoy seguro que pocos, ¿cuántas personas a tu alrededor conocen de esta hermosa habilidad? Estoy seguro que no muchos, la realidad es que este don no es algo que llega a todas las personas, si estoy llegando a tu vida quiero que te sientas muy especial, quiero que te sientas agradecido porque eres de las pocas personas en el mundo que sabe hacer dinero con el dinero.

¿No te emociona pensar que entre tanta gente en el mundo tú y yo fuimos escogidos? ¿No te emociona pensar que hay muchas personas que nunca en su vida escucharán sobre esto pero que a ti te llegó en el momento correcto? ¡¡¡Qué bendecido eres de tener la información!!! Hay muchas personas que ni siquiera tienen acceso a Internet, a un dispositivo móvil, a la tecnología, tú eres un escogido que tienes todos estos. ¡¡Eso es una gran razón para sentirte siempre feliz y escogido!!

No sé cómo serán las generaciones pasadas en tu familia, pero en la mía por generaciones había escasez y pobreza, por eso me emociona decirte que yo fui el escogido para hacer la diferencia, ¡el escogido para cortar con ese ciclo de generaciones!. Me emociona mucho pensarlo así y ver que antes en mi familia este gran conocimiento no existía, pero ahora gracias a que yo soy un escogido, ya que está habilidad llegó a mi vida, mis futuras generaciones serán bendecidas con la información correcta.

Me encanta una frase que dice si naciste pobre no es tu culpa, pero si mueres pobre si lo es, ¡esta frase es muy cierta! ¿Cuántas personas conoces que dicen que yo nací pobre y mi destino es morir pobre? ¡Eso es una gran mentira! Te lo dice alguien que inició sin dinero y que aprendió que con esa habilidad no importa de dónde vienes, no importa cuánto dinero tienes, no importa si estuviste en el mejor colegio, no importa si tuviste la mejor ropa o la mejor comida, lo único que importa es el deseo que pones. Por eso me siento escogido, me siento elegido y me siento especial.

¡Deseo que te emociones al igual que yo y hoy te lo digo a ti! Tú eres un escogido, tú eres una persona especial diferente a los demás, tú eres alguien a quien la información ha llegado en el momento correcto, eres el responsable de acabar con el círculo de pobreza en tu familia, imagínate a tus antepasados mirándote desde el cielo, imagina la alegría que tienen de qué a través de ti sus futuras generaciones serán bendecidas económicamente. Eres quién hará la diferencia en tu familia, eres quien podrá gozar de la vida que quizá muchos de los que te antecedieron soñaron. Eres la admiración y la respuesta seguramente a lo que muchos estuvieron atesorando en su corazón. Y tú, mi querido lector, eres escogido.

Ser escogido contrae una gran responsabilidad, un escogido no actúa con miedo, no actúa por emociones, no se rinde cuando las cosas se ponen difíciles, sabe cuándo actuar, conoce la lealtad, saber perder, asume con responsabilidad sus decisiones, no culpa a los demás, busca siempre servir, un escogido vive feliz. Y hoy me emociona pensar que el escogido eres tú.

Ahora que sabes que tú eres un escogido, depende de ti triunfar y cortar con el círculo vicioso de tus antepasados, es aquí ahora dónde comienza la nueva historia de tu familia. Es aquí donde comienza la nueva historia del éxito de tus generaciones pasadas, la pregunta es mi querido escogido ¿vas a rendirte O vas a luchar por tus sueños?

Te diré algo que tal vez no has dimensionado, eres un superhéroe para tus generaciones que están por venir este mundo, alguien en el futuro seguramente dirá: estamos tan agradecidos con mi abuelo que tomó una decisión importante en su vida y que gracias a sus acciones y a su gran habilidad hoy estamos gozando de todo lo que tenemos. ¿Te gustaría escucharlo? ¡¡¡Eso sin duda pasará!!! Depende de ti al 100%.

Ahora que sabes que eres un escogido debes dignificar y magnificar este llamado actuando siempre como un verdadero escogido. Tus acciones a partir de hoy deben ser diferentes, tus palabras deben ser acorde al superhéroe que los demás esperan de ti, cuándo piensas en rendirte recuerda cuantas generaciones están animándote para que sigas adelante.

Cuando te sientas desanimado, imagínate cuánta gente está triste contigo, tienes el gran respaldo de todos los que ya te antecedieron y de todos los que están por venir a este mundo. Cuando te sientas feliz imagínate cuánta gente está celebrando contigo, tus triunfos, victorias, éxitos y alegrías. Tus decisiones no solo te afectan a ti, tus decisiones afectan de manera positiva o negativa a generaciones.

Mi querido escogido hoy te hablo desde el corazón, hoy te digo lo bendecido que eres porque tienes este libro en las manos, hoy te recuerdo que eres una persona diferente, extraordinario, es decir eres más que ordinario. La mayoría de las personas son ordinarias, pero tú eres extraordinario. Por eso estás hoy aquí, por eso decidiste comenzar este camino para hacer un trader rentable. Y a partir de hoy "actúa siempre pensando que eres el escogido"

Treceavo principio

El principio número 13 que quiero compartir contigo se titula "una vida con propósito". Quisiera que te hagas algunas preguntas;

¿Por qué haces Trading?
¿Para qué lo haces?
¿En qué o en quien te quieres convertir?

Te hablaré desde el éxito como al principio de este libro, hoy puedo decir que he alcanzado lo que siempre soñé, podría asegurarte que tengo muchas de mis metas cumplidas y te prometo que llegará el momento en el que tendrás todo lo que sueñas.

¿Y ahí es donde comienzas a preguntarte para qué estoy aquí? ¿Por qué estoy haciéndolo?. Llega el momento en el que tienes todo en la vida y el dinero ya no es una necesidad, en este instante empiezas a sentir un pequeño vacío en tu vida. Esto me sucedió a mí, cuando alcancé la rentabilidad en el Trading y me di cuenta de qué había algo que el dinero no podía comprar y es ahí donde decidí buscar mi propósito.

¡Y no estoy diciendo que el dinero no es importante por supuesto que lo es! ¡Creo que la mayoría de los que tienen este libro en la mano están aquí hoy porque necesitan dinero o porque quieren tener más dinero y eso es increíble, es buenísimo, te apoyo. De hecho, yo comencé por ahí y creo que es el primer paso. Sin embargo, a lo que quiero llegar es que me hubiera gustado que cuando arranque con esta carrera de Trading alguien me hubiera invitado a tener un propósito. Estoy seguro que con un propósito habría sido más fácil.

Te voy a decir que viene para ti en el futuro, serás abundante y exitoso, tendrás la casa de tus sueños, tendrás el auto de tus sueños, comerás lo que quieras en donde quieras, le darás a los que amas todo lo que anhelan Y si tienes un propósito te sentirás pleno y completo.

Cuando decidí volver a iniciar desde cero, en realidad no estaba comenzando sin nada, porque estaba arrancando desde la experiencia, Y ahora sabía que podía comenzar con un propósito.

Así que encontré el mío, decidí dejar de preocuparme por el dinero y ocuparme en ayudar a los demás, decidí comenzar a cumplir los sueños de otros antes que los míos. Me di cuenta que entre más personas estaban cumpliendo sus propios sueños más me acercaba también a los míos y ese ayudar a los demás era algo que llenaba un vacío en mi corazón, entendí que cuando ayudaba a los demás y me agradecían mi alma se sentía completa.

Ahí es donde comprendí cual era mi propósito, descubrí que se sentía mejor recibir un agradecimiento sincero que 1 millón de dólares, ¡¡¡Y créeme que recibir 1 millón de dólares estaría bien!!! Pero imagínate el gozo tan grande que es recibir la gratitud de una persona a la que le has cambiado la vida. A partir de ese momento decidí actuar solamente por mi propósito para ayudar, dar, bendecir a otros y todo esto se convirtió en la mejor vitamina para mi vida.

Hoy quiero decirte mi querido lector que tú eres parte de mi propósito, este libro lo escribo más como un agradecimiento que como una fuente para recibir ingresos, estoy aquí como un escogido para ayudarte a encontrar tu verdadero propósito en la vida.

Muchos creen que sus propósitos tienen que ver con lo económico, pero te prometo que cuando logres saciar tus bolsillos te darás cuenta que el dinero no era lo que estabas buscando. Deseo que todo aquel que esté leyendo mi libro pueda ganar todos los millones que crea en su mente y que pueda atestiguar que ni todo el dinero del mundo es lo que hace grande a una persona.

Lo que verdaderamente te hará grande será la cantidad de personas a las que ayudes en tu vida. Regularmente siempre lo comparto con mi amada comunidad, siempre les digo: "el éxito en la vida no se basa en la cantidad de dinero que ganas, si no en la cantidad de personas a las que ayudas". Me considero una persona amante de ayudar a los demás, millonario ayudando a otros, me considero rico cada que recibo un agradecimiento honesto, soy el hombre más afortunado del mundo cuando recibo un abrazo sincero y estoy seguro que no hay dinero en el mundo que pueda comprar el sentimiento de otra persona cuando está realmente agradecida hacia ti.

Entendí que mi verdadero propósito era dar y ahora que he decidido abrir mi corazón y poner en tus manos todo lo que yo sé, quisiera invitarte a encontrar tu verdadero propósito, cuándo lo encuentres entenderás mi pasión por ayudar a los demás.

Catorceavo Principio

Después de dejar estos 14 principios quiero asegurarte que son las bases de mi corazón, son algunas de las cosas que considero un tesoro en mi vida, si alguien me pregunta cuál es la clave de mi éxito contestaría que son estos 13 principios.

No sé si volveré a escribir otro libro o dar otra clase, no sé si volveré a pisar un escenario frente a muchas personas, la vida es un instante y por más que yo quiera, sé que llegará el momento en el que no podré hacerlo. Pero mis palabras, sentimientos, deseos y mentalidad están quedando grabados en estas hojas. Me emociona que cuando mis hijas tomen este libro puedan comprender un poco de los sentimientos de su papá, me emociona pensar que cuando mis nietos tengan este libro en las manos puedan conocer un poco más a su abuelo, no sé, si el abuelo estará físicamente, pero lo que sí estoy totalmente seguro es que mi legado continuará a través de estas páginas. Eso me hace feliz, eso es parte de mi propósito, eso es parte de mí porque, yo para esto hago trading, no es la cantidad de dinero que he ganado en mi vida sino la cantidad de personas a las que estoy inspirando.

No sé cuántas personas llegarán, pero así llegue solamente una me sentiré muy feliz, porque mi propósito está en movimiento. Deseo que esas palabras siempre resuenen tu mente y en tu corazón, Y que estos principios puedas aplicarlos y pueden ser de gran alivio en el momento que los necesitas.

Terminaré este libro y me despediré por ahora escribiendo una carta para ti, está carta la haré imaginándote, imaginando como te sientes y demostrándote todo mi amor.

Espero que está carta sea de gran alivio y motivación en tu vida!

¡Carta para ti!

¿Hola, cómo estás hoy? ¡De todo corazón espero te encuentres bien! ¡¡¡Deseo que tengas en este momento la salud suficiente para poder realizar tus actividades diarias!!! Si no tienes la salud que esperas, deseo con todo mi corazón que pronto puedas gozar de ella.

¡Te escribe Ema! ¡Tu amigo Ema! El trader, El amigo, ¡El padre, El que siempre está ahí para ti!

Decidí escribirte porque te estaba pensando, de hecho, al momento de escribir esta carta estoy imaginando como te sientes y deseando te sientas muy feliz

Quiero que recuerdes que eres importante, eres suficiente, ¡¡quiero que tengas presente que tienes un alto valor en mi vida y en la de muchas personas!!

Recuerdo momentos en los que sentí que no tenía valor, recuerdo que me llegué a sentir vació, pero agradezco que logré salir avante de todas esas crisis emocionales.

¿Cómo vas? ¿Cómo va tu operativa? ¡¡¡Deseo que super bien, deseo que te sientas pleno y feliz con tus decisiones y si no es así, deseo que encuentres la paz que tu alma necesita!!!

¿Sabes lo que hacía cuando me sentía mal? ¡¡¡Comenzaba a agradecer por las cosas que tengo, empezaba a pensar en lo que sí tenía en mi vida en lugar de lamentarme por las cosas que no tenía!!! ¡Por ejemplo, si estás leyendo está carta significa que estás vivo o viva! ¿Sabes cuánta gente murió hoy? ¿Sabías que muchos hoy dejaron de respirar y se fueron de este mundo? ¡¡¡Es una gran bendición que estés aquí leyendo mi carta!!! ¡Así que deseo que eso pueda ser algo que te haga sentir mejor!

¿Sabes hoy mucha gente perdió a un ser querido, sabes cuánto pagarían por tener a sus seres queridos de vuelta? ¡¡¡Darían su propia vida!!! Si tienes a los tuyos, quiero que te sientas agradecido por eso.

¿Sabes que hay muchos que no tienen una sonrisa? ¡¡¡No sé si tú la tienes en este momento, pero quiero que me prometas que en este mismo momento vas al espejo y sonríes para mí!!!

¿Sabes, cuando me sentía triste me miraba en el espejo y por más difícil que pareciera me ponía a sonreír y ¿qué crees? ¡FUNCIONA!

¡Vamos hazlo! ¡¡¡Regálate y regálame una sonrisa!!!

¡Espero de verdad que hasta este punto de la carta te sientas mejor!

¿Cuéntame cómo van tus metas? ¿Cómo van tus propósitos? ¿Cómo va ese sueño que tenías? ¿¿¿Lo estás logrando??? ¡¡¡Espero que sí!!! ¡¡¡Recuerdo cuando cumplí mis primeros sueños, realmente me sentí muy feliz y animado!!! La sensación de ver los sueños cumplidos se siente super bien y deseo que lo estés experimentando en tu vida. La satisfacción de ver tus metas cumplidas es algo super lindo que espero de todo corazón puedas experimentar siempre.

Quiero que recuerdes siempre lo que te enseñé, quiero que recuerdes siempre que eres un escogido, ¡¡¡quiero que recuerdes que eres extraordinario!!!

Quiero que recuerdes las manifestaciones que te enseñé y que las repitas todos los días. ¡¡¡Por favor prométeme que lo harás!!!

¡¡Nada me hará más feliz que saber que estás aplicando todo lo que te enseñé!!

Yo me encuentro muy feliz en este momento, sabes mientras escribo esta carta pienso en ti, pienso mucho en cómo te sentirás, pienso en lo que habrá en ese corazón que nadie puede ver y que solo tú conoces realmente como se siente.

¡¡Aunque no lo puedo ver, ni oír y aunque no estoy presencial contigo deseo que todo esté bien!!

Quisiera estar ahí y darte un abrazo, te prometo que ese abrazo sería con todo mi amor, ¿sabes una cosa? Me encantan los abrazos porque podemos compartir energía y si a ti te sobra a mí me falta o si a mí me sobra, te comparto. ¡¡¡Si tienes oportunidad de darte un abrazo hoy ,hazlo!!!

¡¡¡Recuerdo un día en mi juventud que me puse a regalar abrazos en la calle y se sintió bien!!! ¡Así que no hay pretextos para dar uno, anda y busca una oportunidad para abrazar a una persona!. ¡Recuerda que tienes un don, tienes una habilidad especial! ¡Recuerda que serás un héroe en la vida de muchas personas! ¡No te des por vencido jamás!

Deseo que está carta pueda ser un recordatorio constante de mi amor por ti, deseo que siempre que necesites mis palabras vengas a ellas y te reconforte en lo que requieras.

¡¡Hoy además de escribirte quiero contarte que siempre que pido con fe las cosas buenas llegan a mi vida, te invito a hacerlo también!!

Recuerda que eres un ser humano con sentimientos y sentirse mal de pronto es parte del proceso, así que si en algún momento te sientes triste, desanimado o desesperado ven a las letras de esta carta que te aseguro las escribí con amor. Deseo que mis palabras llenen de paz tu alma para salir adelante.

Si has perdido la fe recuerda que, así como tu corazón late todos los días y no se cansa de hacerlo, así mismo tu debes de creer y confiar siempre. Recuerda que nunca sabes cuál será el movimiento que te dé la victoria, quizá lo que tanto anhelas está más cerca de lo que imaginas y si te das por vencido no lo verás hecho realidad.

Te prometo que todos los días imploro por ti y por todos los de nuestra amada familia y comunidad para que las cosas buenas lleguen a nuestra vida, deseo de verdad que todo lo que estás buscando lo encuentres, confía y llegará.

Gracias por tu amor, gracias por tomarte el tiempo de leer estas palabras, te prometo que todas las escribo con todo mi amor, con un amor incondicional que no busca nada más que tu bienestar.

Te amo, te amo aún sin verte porque admiro tu deseo ardiente por salir adelante, tus agallas para no darte por vencido, admiro tu valentía para enfrentar todo lo que venga de la vida.

¡¡Deseo que la vida un día nos permita reunirnos en algún lugar del mundo y que nos podamos estrechar y abrazar!!

Si por alguna razón en esta vida no se puede, seguro que tendremos una larga eternidad para disfrutar y charlar de esta vida tan maravillosa en la que pudimos compartir.

Decreto el mayor de los éxitos siempre, decretó la abundancia del mundo para ti, deseo que encuentres tu propósito y que la rentabilidad llegue a tu vida.

¡Deseo que tomes siempre sabias decisiones y que seas siempre responsable de tus acciones! ¡Deseo que tomes con amor siempre la oportunidad de bendecir a otros, deseo que alcances todas tus metas hoy y siempre!

Nunca me cansaré de agradecer por la bendición que ha sido iniciar este camino de trading, este camino con propósito, este camino que me ha dado una alegría enorme.

¡Gracias al trading conocí a los mejores amigos, familia y más!

Gracias al trading logré conocer el mundo, conocer lugares hermosos y culturas que siempre llevaré en mi corazón. Estoy agradecido por todas las oportunidades que la vida me da y tú eres parte de ellas.

Quiero agradecerte por ser parte de mi propósito, gracias por leer esta carta, gracias por leer mi libro, gracias por pertenecer a mi comunidad.

¡¡¡Un día tuve un sueño y hoy gracias a ti ese sueño se ve cumplido!!! Estamos llegando a cada rincón del planeta para enseñar está gran habilidad con propósito.

¡Deseo que tu corazón se encuentre siempre agradecido también hasta el día en que nos podamos abrazar!

Con cariño sincero:

Emanuel Hernandez Álvarez

Ema para los amigos.

.

.

Agradecimientos

Escribir agradecimientos es para mi algo muy complicado, ya que tengo demasiadas personas a las que me gustaría incluir y creo que este libro no me alcanzaría para nombrarlas y manifestar mi gratitud infinita.

La primera persona a la que quiero sin duda agradecer es a mi socio, a Dios quien ha estado conmigo en todo momento, él me ha enseñado muchísimo en la vida, me quitó lo que tuve para enseñarme el valor de las cosas, así mismo con su amor me mostró el camino para recuperar lo perdido, incluso multiplicarlo. Él me ha dado la salud que necesito para poder llevar a cabo este sueño tan grande, todo lo que estoy logrando hasta el día de hoy se lo debo a él, mi compañía es dirigida por él, siempre lo menciono con todas las personas, para mí él es el dueño de la compañía, yo solamente soy el gerente que se encarga de la parte operativa.

Lo mismo sucede con este libro quiero dedicárselo única y exclusivamente a él, por su tiempo, paciencia, por su amor, por estar siempre que lo necesito, por consolarme en los momentos difíciles, por mostrarme el camino que debo seguir, por inspirarme a ser mejor persona todos los días, por darme la inspiración de lo que debo hacer. Estoy muy agradecido a él y sin duda alguna le quiero dedicar este escrito.

También quiero agradecer a mi familia, a todos los que son parte de ella! Papá, Mamá. Dani, Sheila, Jared, Sarabi. Eli, Karla, Mami Gloria, Tía chencha y a todos de verdad gracias por estar conmigo en mis momentos de mayor dificultad.

A mis princesas, mis niñas adoradas, mi mayor tesoro! Estoy tan agradecido por su vida y por tantas cosas que aportan a la mía, su amor es mi motivación para darlo todo y este libro es para ustedes, deseo que sea aliento en sus momentos difíciles y que cuando ya no esté en este mundo sea su tesoro y testigo del amor de papá.

Agradezco a mi familia de Masters Traders, les amo a todos y cada uno de ellos. Me encantaría poder nombrar a todos los que son parte de este camino tan bonito y no me gustaría dejar por fuera a nadie, pero nombraré algunos de ellos, quienes han estado conmigo desde el comienzo y quienes merecen siempre mi gratitud y admiración; Gracias a Valeria Garcés, Ruben Ponce, Santiago Padilla, Maru, Alejandra Cifuentes, Bernardita, Yissel González, Yazmin

González, Edwin y Pilar Argüello, Gustavo Ramírez, Camila Mejía, Alejandro Caballero, Ignacio Sierra, Beatriz Gutiérrez, Josimar Chacón, Paula Caicedo, Darwin Valencia, Juan Mario López, Karen Evilla, Andrea Evilla, José Alberto Martínez, Ernesto Quevedo, Federico Sulca, Daniela Salas, Julio mesa, Laura Varón, Raúl Téllez, Johana Castillo, Neidi González, Juan Carlos Solarte, Yuli Cárdenas, Richard Guaman, Luis y Diana Cisneros, Ligia Garavito, Elkin Castañeda, Agustín Miranda, Joana Campos, David Bautista, Axel Ballesteros, Johnny Patiño, Sergio Moreno, Mich Solano, Francél Rodríguez, Juan Carlos Flores, Lorena López, Carlota de Fong, Roberto Hernandez, Carolina Escalante, Yair Hernandez, Nancy Marín, Ronie Peña, Milena, Erika, Ricardo Rodriguez, Blanca Calderón, Silvia Ramírez, Addy Salazar, Ancízar, Paula, Richard, Gabriela, Stephanie, Jorge, Daniel, José Darío, Alex, Juan, Astrid, Rafael, Jose Moya, Vanesa, Leonardo, Andrés, Mónica Cortés, Oscar, Antonio, Cristian, Jesus y muchos más que me encantaría nombrar y que no quisiera que nadie se quede fuera y que se ofendan por no ser mencionados, doy gracias a todos y cada uno de ellos porque han estado conmigo desde el principio y porque me han demostrado su lealtad, amor y confianza.

Gracias a todos los que forman parte de mi vida de alguna manera y me han ayudado, gracias a todos los que me conocen.

Gracias a todos los lectores que adquieran este libro y gracias a mi Dios que me ha dado todo lo que tengo.

Referencias Bibliográficas

Ruiz, M. (1998). *Los Cuatro Acuerdos. Un libro de sabiduría tolteca.* Editorial Urano. Barcelona

Buffett, W, (2022). Consejos de Warren Buffet para operar en Mercados Volátiles. *Iprofesional.* https://www.iprofesional.com/management/3564 51-consejos-de-warren-buffett-para-operar-en-mer cados-volatiles

Tracy, F. B. (1990). La Psicología del Éxito. *Seminario. Parte 2. https://youtu.be/zqd4_STVdMQ?si=aD9UTgwl0QM KLjOo*

Made in the USA
Columbia, SC
12 October 2024